▲图 1　韩熙载夜宴图（局部）｜ 五代十国 ｜ 顾闳中 ｜ 故宫博物院藏

▲图 2　韩熙载夜宴图（局部）｜ 五代十国 ｜ 顾闳中 ｜ 故宫博物院藏

▲图 3　韩熙载夜宴图（局部）｜ 五代十国 ｜ 顾闳中 ｜ 故宫博物院藏

▲图 4　韩熙载夜宴图　|　五代十国　|　顾闳中　|　故宫博物院藏

◀图5　玉堂富贵图　—　五代十国　—　徐熙（传）—　台北故宫博物院藏

▲图 6　琼蕊春鸣　|　北宋　|　徐崇嗣　|　台北故宫博物院藏

▲图 7　江行初雪图　|　五代十国　|　赵幹　|　台北故宫博物院藏

▶图8 秋山问道图 — 五代十国 — 巨然（传）— 台北故宫博物院藏

▲图 9　簪花仕女图 ｜ 五代 ｜ 周昉 ｜ 辽宁省博物馆藏

▲图 10　合乐图　|　五代十国　|　周文矩　|　美国芝加哥艺术学院藏

▲图 11　王蜀宫妓图　|　明　|　唐寅　|　故宫博物院藏

▲图 12　陶穀赠词图 ｜ 明 ｜ 唐寅 ｜ 台北故宫博物院藏

▲图 13　仿宋院本金陵图（局部）｜ 清 ｜ 杨大章 ｜ 台北故宫博物院藏

▲图 14　摹重屏会棋图 ｜ 明 ｜ 佚名 ｜ 美国弗利尔美术馆藏

马海英 著

南朝夜宴

金陵城市生活与江南文学

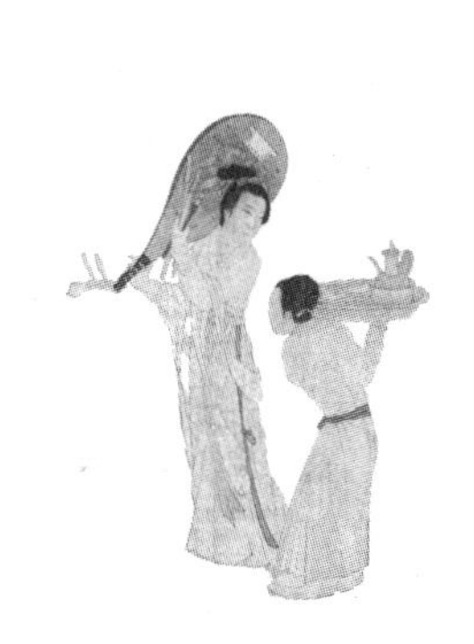

中国出版集团 现代出版社

图书在版编目（CIP）数据

南朝夜宴：金陵城市生活与江南文学 / 马海英著
. — 北京：现代出版社，2023.10
ISBN 978-7-5231-0530-6

Ⅰ. ①南… Ⅱ. ①马… Ⅲ. ①城市－社会生活－历史
－研究－南京－南朝时代、南唐 ②文学史－研究－南京
Ⅳ. ① D691.9 ② I209.953.1

中国国家版本馆 CIP 数据核字（2023）第 164655 号

南朝夜宴：金陵城市生活与江南文学

作　　者：马海英
责任编辑：姚冬霞
出版发行：现代出版社
通信地址：北京市安定门外安华里 504 号
邮政编码：100011
电　　话：010-64267325　64245264（传真）
网　　址：www.1980xd.com
电子邮箱：xiandai@vip.sina.com
印　　刷：固安兰星球彩色印刷有限公司

开　　本：710mm × 1000mm　1/16
印　　张：18.5　　　字　　数：238 千
版　　次：2023 年 10 月第 1 版　　　印　　次：2023 年 10 月第 1 次印刷
书　　号：ISBN 978-7-5231-0530-6
定　　价：55.00 元

代序

金陵的夜宴

今天，在上海这个都市里，每日都有数不清的夜宴发生，作为商业消费形式展示着它巨大的繁华魅力。从淮海路、南京路，到外滩，华灯璀璨，同时，许多幽静的角落洋溢着缠绵的氛围。夜色让人遐思，偶尔抬起头，发现天上一弯皎洁的银钩，有点落寞。喜欢怀古的人这时会联想起久远的年代，一千年之前的那些夜宴。

“江南佳丽地，金陵帝王州”，指的是富贵故都金陵。今天的南京是一个有些平实生活味道的城市，离久远的场景仿佛很遥远了。只有葱郁的林木和阴沉的烟水气，依然保留着古老气象，特别是在淫雨霏霏的时候。但是，南京女子的装扮还有古典婉约的气息，穿着偏于传统，气质素淡，自然秀美，细细品味，这是不同于上海的时尚现代。

“流水无情草自春”，一千个读者会有一千个哈姆雷特，但无论如何，金陵应该是一座充满伤感的城市。金陵在历史上数易其主，都是偏安政权，似乎难脱灭亡和迁都的宿命。现在，南京逐渐北方化。但是，从金陵发源的江南都市文明和诗意审美，蓬勃不息，在今天蜕变为“海派文化”，代表者是精明智慧的上海人。当然，江南一带仍是良畴美畦，风光依然。

我仍然喜欢金陵。在文学研究中，我遭遇它的末世，先是南陈末的金陵，后是南唐的金陵。在那时，上海作为城市还没有它的踪影，杭州即便姣美，也太透明，而与金陵隔江相对的北方只有金戈铁马。

我要写的也是夜宴。南陈末和南唐的故都金陵，处于中国古代社会的特殊时期和特殊地点，经过一定阶段的物质积累，呈现经济繁荣，其帝王君臣的富贵消费，有类今日繁华商业社会。它具有富贵、富裕的特征，同时存在浓郁的文化审美因素。这种在富贵温柔环境里培育的审美因子，到末期已经形成足够的沉淀。

夜宴，发生在金陵最繁华的时间片段，同时也是灭亡前夕。宫廷里的君臣，醉生梦死于富裕和缠绵之间。富贵末世的经济生活，影响着他们的人生状态和文学状态。具体来说，就是培养了末世君臣特殊的沉迷和超脱的阴柔艺术气质，使文艺成为上层社会生活的主要内容，生成的文学带着不同程度的敏感伤感风格和很高的艺术水平，具有唯美的特征。同时，文艺也艺术化地参与和诠释了富贵故都的君臣生活。因此，富贵故都和唯美文学，相互呼应、相互浸透。

我想具体分析当时金陵的经济文化形态特点，帝王君臣的生命个例特色，以及当时的文学特质，期望阐释影响的痕迹。具体人物，我主要选择了南陈末的陈后主（陈叔宝）、江总、徐陵，以及南唐后期的李后主（李煜）、李璟、冯延巳、韩熙载、徐铉等。富贵故都的文学在自我的奢靡唯美挽歌中走向死亡，消解于黎明的曙色。而它，也许终于属于更加繁盛的都市文化洪流，也许蜕变为华灯璀璨和对崭新黎明的期盼。

富贵故都金陵的经济生活和文学，是中国历史上一道亮丽的流光。

目录

第一章 金陵的诗意气质

偏安的金陵

金陵，即今南京，因金陵山得名，金陵山亦即钟山。战国时，楚威王在此附近建金陵邑，秦改置秣陵县，吴改为建业（建邺），晋改为建康，唐武德九年（626）改为白下，后改置江宁县，属升州。五代南唐时期，改为江宁府。

“江南佳丽地，金陵帝王州。”（南朝齐谢朓《入朝曲》）金陵依恃长江天险，便于偏安。又“钟山龙蟠，石头虎踞，帝王之宅也”（西晋张勃《吴录》载诸葛亮语），其山川地形，史传有王者之气。民间传说秦始皇埋金于此。

作为吴楚相交之地，南北会合之所，江海枢纽之处，金陵具有天然的交通、经济、军事优势，成为古代江南的中心。

江南地区四季分明，物产丰富，自古便有“苏湖熟，天下足”的说法。长江中下游平原与中国的其他地区相比，在农业条件上确实是得天独厚。这里雨量充沛，地势平坦，河港纵横，适宜发展农业生产。

在这样的基础上，形成了以长江为界的江南地理概念。具体来说，古代江南，广义上指长江以南，但不包括四川盆地，狭义上指长江下游段的南岸，包括今江苏南部、浙江北部、安徽东南部以及上海市。何剑明补充定义为：“狭义的江南即指苏南、浙江一带。广义或真正意义上的江南，除了苏南和浙江，还包括今苏中的扬州、泰州、南通以及沿长江中下游以南的大部分地区，包括湖南湘东、江西赣北、赣东北、安徽皖南等地。”

金陵繁华局面的契机，首先出现在魏晋南北朝时期。

西晋末年，北方少数民族大量内迁，在黄河流域相继建立政权，连年征战。于是，政治经济中心开始南移，出现了以建康为都城的吴、东晋、宋、齐、梁、陈等政权。东晋至南朝立国近三百年，除了梁末大乱，其余战乱都是局部的、短期的，破坏性不算严重，社会大体安定，使南方经济的发展获得了必要的社会条件。到了梁代，“四海之内，始得息肩”（《南史·循吏列传》）。而到了陈代，“良畴美柘，畦畎相望”（《陈书·宣帝纪》），都城建康颇具繁华规模。

江南地区的社会内部渐趋平稳，经济繁荣发展，在南朝宋时已见端倪，据《宋书·孔季恭传论》：“地广野丰，民勤本业，一岁或稔，则数郡忘饥。会土带海傍湖，良畴亦数十万顷，膏腴上地，亩值一金，鄠、杜之间，不能比也。荆城跨南楚之富，扬部有全吴之沃，鱼盐杞梓之利，充仞八方，丝绵布帛之饶，覆衣天下。”

江南经济繁荣，太平无事，隐隐然歌舞升平。荆、扬二州成为南朝经济的中心，也是全国最富庶的地方。南下士族，广占山林美田，使庄园经济大大发展。例如，陈郡谢氏南下后建始宁庄园，会稽孔氏建永兴庄园。一些以城市为中心的商品经济也有了长足的发展。而江南的都城建康，气候温和，景色优美，城市繁华。

据许辉《六朝时期江南经济的开发与发展述论》，割据分裂时期南方经济发展的具体原因，一是民族迁徙，二是客土民族的同化融合，三是偏安一隅的区域性政权或地方性政权的统治者出于保境安民而实施鼓励生产、促进经济发展的措施和政策。

就当时南方经济的开发而言，已大体形成若干经济区，其中以三吴为中心的长江三角洲是经济最发达的地区。具体表现在农业上，就是农业生产技术的提高、水利事业的兴修和荒芜土地的垦辟。手工业也有很大发展，如冶炼、纺织、瓷器、造船和造纸。丝织业也是大发展，南朝末年出现“夜浣纱而旦成布”的“鸡鸣布”（《隋书·地理志》）。造纸业相当发达，纸的名目繁多，主要是藤皮纸，有白、青、赤、缥、绿、桃花等色。最有名的是齐朝建康城中的“银光纸”。

建康作为当时的政治中心，已成为一座典型的消费性城市。城中有大市四个，小市林立，多达一百余个，有牛马市、纱市、谷市、盐市、花市、草市、鱼市等。政府开始将商业贸易税作为重要的财政收入来源。南朝建康鼎盛时期，人口有“七十万至八十万”。

考古挖掘的南朝建康宫城遗址，令人实际感受到当时建康的都市发展水准。

首先，南朝宫城设计复杂，中轴线倾斜。文献记载，宫城城墙共有三层，考古发掘发现的是哪一层，还无法确定。另据记载，宫城周长八里，但它是正方形还是长方形，仍然未知，所以不能据此确定宫城的具体位置。一个巨大的收获是，人们发现建康宫城是“倾斜的皇宫”。以前人们认为建康宫城的中轴线与现在的南京中华路基本重合，是正南北走向。然而从新世纪广场、南图新馆、游府西街小学、省美术馆新馆等处的考古发现都表明，这些东吴、东晋和南朝相叠压的高等级道路，以及壕沟、排水沟都是北偏东二十五度。

其次，遗址显示当时的宫城建设水平相当高，其中一个细节是路砖都侧铺，而非直铺，因此更为耐用。要知道，在那之后的唐朝长安仍然是土路，常因大雨而“停朝三日”，只有宰相府至大明宫是唯一一条沙子路。建康宫城内有密集的排水沟，跟现在的工艺没什么区别，那些带拱券的暗沟，很可能是供水系统。梁代建康“城中二十八万余户”，再加上皇室和军队，人口应该是一百万人至二百万人，相当繁华，其建城模式，影响了北朝和隋唐的都城，进而影响了日本的京都、奈良以及朝鲜半岛。那座跨度四米五、两排六个桥桩的木桥，是东吴时修建的，是南京目前最早的桥。

江南的园林建设在当时也比较兴盛。例如有名的孙玚宅，“其自居

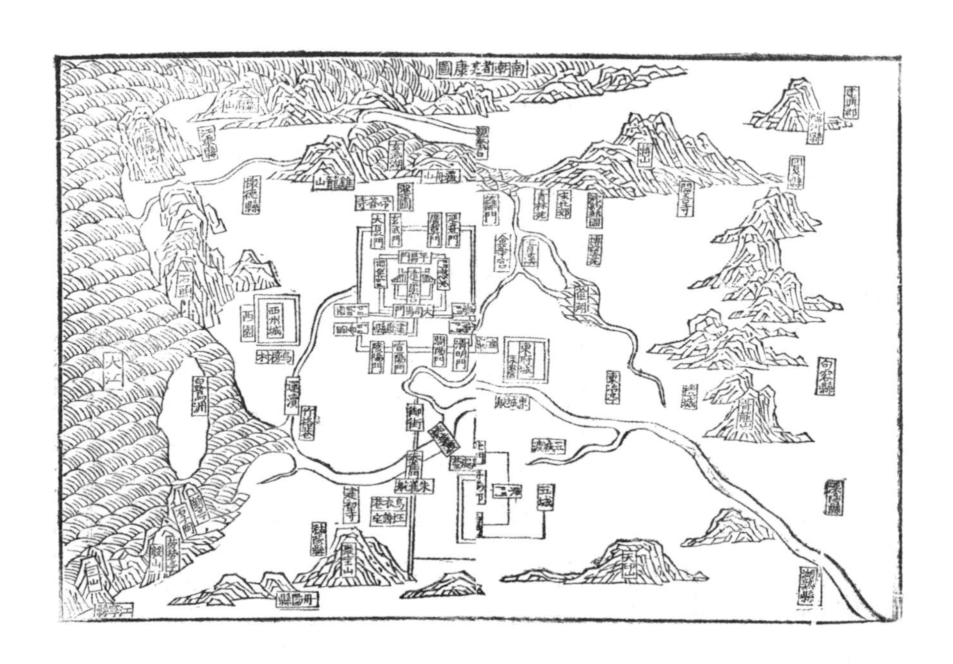

南朝都建康图

处，颇失于奢豪，庭院穿筑，极林泉之致，歌钟舞女，当世罕俦，宾客填门，轩盖不绝。及出镇郢州，乃合十余船为大舫，于中立亭池，植荷芰，每良辰美景，宾僚并集，泛长江而置酒，亦一时之胜赏焉”（《陈书·孙玚传》）。又如张讥宅，“讥性恬静，不求荣利，常慕闲逸，所居宅营山池，植花果，讲《周易》《老》《庄》而教授焉”（《陈书·张讥传》）。隐然可见园林居所之盛。

南陈灭亡后，隋文帝下令悉平建康宫室。隋唐时期，金陵的城市发展一度黯然。“春风十里扬州路”（唐杜牧《赠别》），却“六朝文物草连空”（杜牧《题宣州开元寺水阁》）。唐朝中期，生产和文化逐渐恢复，江南经济迅速发展，经济重心再次南移，金陵再度繁荣，所谓“唐立国于西北而植根本于东南矣”（清王夫之《读通鉴论》卷二六）。

五代十国时期，后梁、后唐、后晋、后汉、后周五个朝代在北方相继统治五十三年，而割据于南方和山西地区的吴、吴越、前蜀、楚、闽、南汉、荆南、后蜀、南唐、北汉等十国，延续将近七十年。统治北方的五个皇朝常相混战，致使民生凋敝，经济文化遭到破坏。而十国争战较少，一些小政权相对保持稳定，所谓“戈铤自扰于中原，屏翰悉全于外府”（宋王溥《五代会要》卷一八），经济重心再次南移。南唐物力极盛，“隐然大邦”，后蜀“帘帏珠翠，夹道不绝”（清吴任臣《十国春秋》卷四九），荆南“四野歌丰稔，千门唱乐康”（唐齐己《荆州新秋病起杂题》）。

尤其是西蜀和南唐，地方富饶，商业发达，谋生较易，普通百姓和流民大量涌入，诗人词客也多聚集，从而成为当时经济文化的两个中心。

巴蜀大地原本“土地肥美，有江水沃野、山林竹木疏食果实之饶”（《汉书·地理志下》），王建推行的保境息民国策，不仅让前蜀拥有辽阔的疆域，也积累了数量惊人的财货。后唐灭前蜀，“上蜀簿，得兵三十万，马九千五百匹，兵器七百万，粮二百五十三万石，钱一百九十二万缗，金银二十二万两，珠玉犀象二万，文锦绫罗五十万匹”

（《新五代史》卷二四）。北宋灭后蜀，“重货铜布由舟运下三峡，轻货设传置，以四十兵隶为一纲，号曰进纲。水陆兼运，十余年始悉归内库”（宋曾巩《隆平集》卷二〇）。从后唐、北宋破蜀所获之丰，可见其时蜀国力之强盛。

南唐实力最强，国势远胜于蜀。“不十年间，野无闲田，桑无隙地。自吴变唐，自唐归宋，民到于今受其赐”（宋洪迈《容斋随笔》卷一六）。“旷士尽辟，桑柘满野，国以富强”，都城金陵“制度壮丽，甚为繁荣”（宋陆游《南唐书》卷一）。

金陵是吸引移民的中心，唐末五代实际移民数量大大多于其他州。其所属之升州北濒长江，可以“西引蜀、汉，南下交、广，东会沧海，北达淮、泗”（宋乐史《太平寰宇记》卷九〇），水路交通十分方便，又东邻润州，西邻宣州，位处经济发达地区。

升州本是南朝首都，隋亡陈后，一度被有意识地削弱，唐将其降为上元县后，经济地位有所下降，但商业经营没有停止。杜牧《泊秦淮》云：“烟笼寒水月笼沙，夜泊秦淮近酒家。商女不知亡国恨，隔江犹唱后庭花。”沿长江前来的商人熙熙攘攘，所谓“暮潮声落草光沉，贾客来帆宿岸阴”（唐沈彬《金陵杂题》）。中唐之后，“当今赋出于天下，江南居十九”（唐韩愈《送陆歙州诗序》）。而晚唐人言：“陇右，黔中，山南以还，浇瘠啬薄，货殖所入，力不多也；岭南、闽蛮之中，风俗越异，珍好继至，无不赡也；河南、河北、河东已降，甲兵长积，农原自任，又不及也；在最急者，江淮之表里天下耳。”（唐罗让《对才识兼茂明于体用策》）唐末五代，升州地位上升。至南唐时，金陵的商业活动十分繁盛，成了江南西北部的政治、经济中心。财富积累繁富，李昪临终时犹不忘叮嘱太子李璟，“德昌宫储戎器金帛七百万”（陆游《南唐书》卷一）。“升元初，许文武百僚观内藏，随意取金帛，尽重载而去。”（宋郑文宝《南唐近事》卷一）

南唐人吴淑的《江淮异人录》记载，南唐的城市，商业非常繁荣。在各种经济行为商品化的过程中，江南的城市功能发生了重大变化，具体表现为政治功能逐渐淡化，经济功能渐渐增强。城市是商业活动的产物，金陵、扬州等城市在长期发展中缺少突变的基因，在南唐时开始发生蜕变。

就金陵而言，一是新型的经商场所不断出现，商品交易多方位化，拓展了商业时空。南唐实行坊市制。郑文宝《南唐近事》记载，“鸡行”是南唐的闹市区。宋《庆元建康续志》：“自昔为繁富之地，南唐放进士榜于此。”其他坊市还有：银行，今金陵坊银行街，物货所集；花行，今层楼街，又呼花行街，有造花者，诸市但名存，不市其物。徐铉《稽神录》卷六云：“建康江宁县廨之后有酤酒王氏，以平直称。”酒店开到了县治的边上，想来大街小巷都可能有酒楼出现。《稽神录》卷二载，建康有一乐人，“日晚如市”，金陵市门到了晚上并不关闭，百姓来去自由。草市、圩场很是兴旺，不少圩市升为县或者置为镇。商品经济的萌芽已经向沿江乡间集镇转移。南唐的陈乔，在金陵的生活十分奢侈，“食蒸肫曰：‘此糟糠氏，面目殊乖，而风味不浅’”（宋钱易《南部新书》卷戊）。猪肉是当时常见的肉食，但供应者必定都是近郊农民。

二是南唐重商及商业的活跃，造就了一个庞大的富商阶层，他们甚至与士大夫共同执掌国运，可以说开历代风气之先。由于利润丰厚，像周宗这样的开国显贵，徐锴、徐铉这样的重臣，都卷入了商品交易的潮流，这种情况应是大势所趋。《五国故事》卷上：“伪侍中周宗既阜于家财，而贩易，每自淮上通商，以市中国羊马。及世宗将谋渡淮，乃使军中人蒙一羊皮，人执一马，伪为商旅，以渡浮桥而守，继以兵甲，遂入临淮。”大商人囤积居奇，一度使南唐的财富集中到商贾手中。南唐后期，富商豪民家仍聚有巨额财富。李煜继位之初，国库储备不足以向宋进贡，不得不从金陵富商那里购得绢品以充贡物。宋灭南唐的金陵之役时，到瓦官阁避难的，尽是“士大夫暨豪民富商之家”（宋马令《南唐书》卷五）。商人与士大夫比肩于南唐的社会生活，并对国家施加影响，这种情况在南唐以前不多。著名的李平改制，正是因为受到了豪民富商的抵制而以失败告终。在重农抑商的封建社会，富商地位的上升，本质上是商品经济萌芽的积极表现，是我国经济中心南移过程中出现的新气象。史料记载不多，但我们能从有限的文字里捕捉到这一信息。

三是城市特殊消费群体的出现，增强了城市的消费能力，为商品经济进一步发展提供了相对庞大的社会基础。

随着南唐在金陵建都，经济与文化重心南渐，一大批皇家政要及其家属，经营盐、茶暴发的富豪，南下的士大夫、文人墨客以及妓女等，成为金陵及其周边中心城市新的消费阶层。他们人数众多，经济能力雄厚，其生活状态影响着城市的消费习惯，对城市经济繁荣起到了推波助澜的作用。韩熙载、卢文进、江文蔚、高越等，尽为北人，家眷动辄以百计。

南唐末年，润州节度使刘澄计划杀卢绛后投降。恰好这时卢绛对一名大将有意见，刘澄私下让这名大将杀掉卢绛。大将说：“奈家在都城何？”刘澄回答：“事急矣，当身为之谋，我家百口也不暇顾。”他还说自己“有父母在都下”，是没有办法才这样做的（《十国春秋》卷三〇）。外地官员在江南任期结束后，有很多人留在了江南，家属子弟也跟着定居。北宋的王禹偁谈到了唐末五代的这种情况：“于时宦游之士，率以东南为善地，每刺一郡，殿一邦，必留其宗属子孙，占籍于治所，盖以江山泉石之秀异也。”（《柳府君墓碣铭》）

南唐重科举，境内举子集中到金陵，甚至长期滞留，成为又一个消费群体。

部分声色犬马的消费者，使唐代已时兴的艺伎队伍不断壮大。她们既是一种行业，更是一个消费阶层。《韩熙载夜宴图》中的王屋山（见

图 2），就是当时著名的舞伎。延英殿使魏进忠“造宅于皇城之东，广致妓乐”（宋郑文宝《江南馀载》卷下）。其生活状态正是那个时代商品化的客观反映。

四是各类城市服务性行业的兴起，扩大了商品经济的外延，商品萌芽基础的系统化，从较高的经济平台上为唐宋之交的社会转型创造了条件。

当时城市内已有专门的清洁工。“咸通中，金陵秦淮河中有小民棹扁舟业以淘河者”（南唐刘崇远《金华子杂编》卷下），他们可能就是保养河道的工人。南唐的周则，年轻时以制造雨伞为业。李煜问及其事，周则说：“臣急于米盐，日造二伞货之，惟霪雨连月，则道大亨。”（宋陶穀《清异录》）金陵人杜鲁宾“以卖药为事”，开有一个药肆，有豫章客人“恒来市药”（徐铉《稽神录 · 拾遗》）。木平和尚“知人祸福死生，所言辄验，倾都瞻礼，阗塞街巷，金帛之遗，日积万数”（北宋马令《南唐书》卷二四）。北人蜂拥南下，面点食品随之推陈出新，花样繁多。南唐的“建康七妙”饼可以映字做劝盏，面能穿结带，就连馄饨汤也能注入砚中，堪称神奇。李昪“其食味有鹭鸶饼、天喜饼、驼蹄餤、云雾饼”等（《江南馀载》卷下）。服务行业进一步细化，渗透到城市生活的方方面面，增强了城市的功能与活力。

手工业方面，最突出的是制瓷业发展繁荣。

皖南繁昌窑青白瓷，是李煜极为喜爱的物品。“宣州瓷器，为南唐所烧造，以为供奉之物者。南唐后主尤好珍玩。”（《瓷史》）繁昌窑曾是南唐官窑，后来南唐迁都洪州，景德镇等地的制瓷业才得以进一步发展，及至宋代，渐渐取代繁昌窑。迄今发现的江西唐五代瓷窑，有吉州、丰城、九江、景德镇、龙南、临川以及七里镇窑等。其中景德镇窑始建于陈代至德间（583—586 年），其时地名昌南，“以其在昌江之南也”（桑行之等《说陶》）。南唐时期，从宫廷到民间，瓷器在生活中广泛使用。

南唐江宁府图

靳青万在对南唐顾闳中画作《韩熙载夜宴图》的研究中发现，画中的三十一件瓷器，分布在第一段“听乐”和第三段“歇息”之中（见图4）。第一段中共二十八件，计有带注碗之注壶两件、带盖之粉盒一件、带盏托之酒盏两件、高足盘十件、平底侈口小盘十三件，分别摆置于韩熙载及客人面前的两排茶几之上，盘中盛满果品之类。第三段中有三件，为带注碗之注壶一件、高足盘两件，置于侍女手持之托盘之中。所绘瓷器，全为夜宴中的实用之器，皆为青白色，有的青中偏灰白，有的青中偏蓝白，与“影青”瓷釉色几无二致。其造型无不精美、规矩、得体，线条流畅，比例适中，堪称精品。其中的高足盘，底足稍大，口为折沿，当为古时的“豆”演化而来，异常精美。其中带托之酒盏，盏在托上，托为平折沿，盏、托皆为高足，上下可观五道圆形轮廓，整体似一盛开之花朵，优美绝伦。其中最值得称道者，乃是三件带注碗之执壶。这三件瓷器皆壶在碗中，碗为仰莲形六瓣葵口齐沿，壶为曲柄、长弯流、丰腹、平肩、直径，壶盖上有突起似为狮状之饰物，釉皆为青白色。

依照上述研究，南唐瓷器以青白瓷器为主，品种十分丰富，有集瓷器之大成的意味。南唐烈祖、元宗二陵发掘出了许多文物，其中就有青、白两种瓷器，胎质相当薄且细致坚硬，釉色匀净明澈。这些瓷器均为南唐本国生产，青瓷“即今江西窑”生产（《十国春秋》卷一一五）。

南唐在文具方面制作尤其精致，上行下效，故笔墨纸砚、文房四宝皆极为考究。名品有澄心堂纸、龙尾砚、李廷珪墨、诸葛笔等。

当时，六合县曾设立“纸务”，今六合浮桥南一带尚呼为“纸房”。“建业澄心堂……李后主时，制纸极光润滑腻，往往书画多藉之。”（《五代诗话》卷一〇引《稗史类编》）澄心堂纸“肤卵如膜，坚洁如玉，细薄光润，冠于一时”（《歙县志》），“滑如春冰密如茧……江南李氏有国日，百金不许市一枚”（梅尧臣《永叔寄澄心堂纸二幅》）。

南唐“于歙州置砚务，选工之善者，命以九品之服，月有俸廪之给，号砚务官”，“岁为砚，造砚有数。其砚四方而平浅者，南唐官砚也。石尤精，制作亦不类今工侈窳”（陆友仁《砚北杂志》）。婺源龙尾砚“其石坚劲，大抵多发墨，故前世多用之，以金星为贵”（桑行之等《说砚》）。

李廷珪墨，号称“天下第一墨”。当时墨工奚超携子廷珪徙居歙地，“南唐赐姓李氏，珪弟廷宽、宽子承宴、宴子文用皆世其业”。李超之墨“坚如玉”，“其子廷珪制尤精，每松烟一斛、珍珠三两、玉屑一两、龙脑一两，和以生漆捣十万杵，故置水中三年不坏。君谟言廷珪墨可削木”，“有圆饼龙蟠而剑脊者，有似浑厚长剑脊而两头尖者，又有如弹丸而龙蟠者”，“凡数等，其作下邽之邽者为上作，作圭洁之圭者次之，作珪璧之珪者又次之，其云奚廷珪者下”。（桑行之等《说砚》）

“宣州诸葛氏，素工管城子，自右军以来世其业，其笔制散卓也。”（宋蔡絛《铁围山丛谈》卷五）南唐的大周后就爱用诸葛笔，称其为“点青螺”。李煜之弟李从谦“用诸葛笔，一枝酬十金，劲妙甲于当时，从谦号为‘翘轩宝帚’”。

南唐经济生活的种种成就和现象，展示出了繁华奢靡走向极端的趋势，这正是富贵故都的典型氛围。这样的环境，在江南的历史上一再重复，形成了经济繁荣的偏安局面。

富贵故都的文艺

余秋雨在《五城记・南京》中写道：“一个对山水和历史同样寄情的中国文人，恰当的归宿地之一是南京。”金陵的魅力在于它浓厚的历史韵味，这种韵味不仅通过水光山色表现出来，而且以之为根源和养分。胡小石在《南京在中国文学史上的地位》中评价金陵：“大江之浩荡，钟山之嵯峨，后湖之明秀，秦淮、青溪之曲折，方山之开朗，栖霞之幽静，

青溪游舫

又足以启发灵感。故以上诸名胜，在当时皆见诸吟咏。”朱偰也说：“而此四都（长安、洛阳、金陵、北京）之中，文学之昌盛，人物之俊彦，山川之灵秀，气象之宏伟，以及与民族患难相共、休戚相关之密切，尤以金陵为最。”（《金陵古迹图考·自序》）金陵气象盛衰特征或可寻觅。

古代江南未被开发时，人性野蛮。“吴、粤之君皆好勇，故其民至今好用剑，轻死易发”（《汉书·地理志》），“扬州人性轻扬，而尚鬼好祀”（《通典》卷一二）。南朝是历史金陵的第一个高峰。江南得到开发，山川的柔美发挥出来，培育出特有的文化气质。“永嘉之后，帝室东迁，衣冠避难，多所萃止，艺文儒术，斯之为盛。今虽闾阎贱品，处力役之际，吟咏不辍，盖因颜、谢、徐、庾之风扇焉。”（《通典》卷一二）陈寅恪先生说：“永嘉之乱，中州士族南迁，魏晋新学如王弼的《易》注、杜预的《左传》注，均移到了南方，江左学术文化思想从而发达起来。”

江南的文艺和学术蔚然成风。南朝宋时，“凡百户之乡、有市之邑，歌谣舞蹈，触处成群，盖宋时之极盛也”。南朝齐永明时，“十许年中，百姓无犬吠之惊，都邑之盛，士女昌逸，歌声舞节，袨服华妆，桃花渌水之间，秋月春风之下，无往非适”（《南史·循吏列传》），民间歌舞宴乐，浪漫华美。

与北方相比，江南文学的气质偏于文辞华丽，“江左宫商发越，贵于清绮；河朔词义贞刚，重乎气质。气质则理胜其词，清绮则文过其意。理深者便于时用，文华者宜于咏歌”（《北史·文苑传序》）。金陵温柔富贵的环境培养了整个社会的艺术氛围，诗歌普及发达，“今之士俗，斯风炽矣。才能胜衣，甫就小学，必甘心而驰骛焉”（《诗品序》）。

这样的氛围经过岁月的积累，趋向浓厚，在条件好的上层社会和宫廷，出现了世家大族累世擅长文学的局面。《梁书·王筠传》：“七叶之中，名德重光，爵位相继，人人有集，如吾门世者也。”《梁书·萧子恪传》：“子恪兄弟十六人，并仕梁。有文学者子恪、子质、子显、子云、子晖五人。”《梁书·刘孝绰传》：“孝绰兄弟及群从诸子侄，当时有七十人，并能属文，近古未之有也。”其他如两晋时的陆氏家族，刘宋时的谢氏家族，萧梁时的萧氏父子、庾氏父子、徐氏父子等文学家族，都是这方面的代表。

相较而言，南朝开国之主大多着力于经营国家，励精图治，对文学不擅长，也不太感兴趣。齐武帝萧赜就说：“学士辈不堪经国，唯大读书耳。经国，一刘系宗足矣，沈约、王融数百人，于事何用？”（《南史》卷七七）但是，在朝代的尾声，帝王近水楼台先得月，其文艺倾向与日俱增。

宗白华说：“汉末魏晋六朝是中国政治史上最混乱、社会最苦痛的时代，然而却是精神史上极自由、极解放，最富于智慧、最浓于热情的一个时代。”（《艺境》）混乱和苦痛主要是针对北朝而言，仅就南朝，至少越到后期，社会越趋安定。至于南朝精神上的自由、解放以及热情，大概也是前期更甚，而后期的特点集中在智慧上。前面那些特点是政治变革激发的，而智慧则是物质丰裕之后的宝贵产品。

高小康说：“江南艺术文化作为中国文艺传统在蜕变中形成的新特质，并没有在后来（南朝之后）的南北交流中湮没，而是成为后来中国文艺传统中的一个特殊的因素，影响着艺术文化主流的发展趋势。”南朝江南文艺的要素，必定影响之后艺术文化主流的发展趋势，其意义不可否认。

五代十国时期，北方战乱频仍，朝代更迭如走马灯，经济停滞，文化荒芜。“六籍百家，不待坟坑”（《旧五代史》卷一〇七），“文章礼乐，并是虚事”（《资治通鉴》卷二七〇）。而南方社会相对安宁，文化得以发展繁荣。文人南奔的很多。前蜀高祖王建目不识丁，但所用“皆唐名臣士族”（《新五代史》卷六三）。“去蜀者，非出名门，即饱学之士。”南方文化的繁荣，从某种程度上讲，具有普遍性。巴蜀物阜民康，世俗的游乐风气十分浓重，“欢极一片，艳歌声揭”（五代尹鹗《秋夜月》）。后蜀“弦管歌诵盈于闾巷，合筵社会昼夜相接”（《十国春秋》卷四九），“蜀中文学复盛”（《资治通鉴》卷二九一）。荆南也曾“琵琶多于饭甑”（宋孙光宪《北梦琐言·补遗》）。闽国“千家罗绮管弦鸣”（唐詹敦仁《余迁泉山城，留侯招游郡圃作此》），呈现出短暂的歌舞繁盛、文学发展的局面。

南唐是南方诸国中国力最强、内部最安定、文化也最发达的一个。南唐是金陵城市历史发展的第二个高峰。社会经济发展、城市繁荣，比南朝时超过很多。从北方到南唐的多是不得志的士大夫，所谓“名贤耆旧皆拔身南来”（《十国春秋》卷一五）。北人南来之后，经过江南风景和环境的同化，入乡随俗，转化为江南才子。

朱逸宁说：“当晚唐五代混乱的政局之下，文人即便丢掉‘士’的那一点点最后的尊严也不能苟全的时候，找寻新的精神家园便是唯一的出路了，而江南的草长莺飞则是中华民族留给他们独一无二的、能重新唤起审美期待的精神寄托。”与其说文人们是找寻新的精神家园，毋宁说原始动机只是在乱世中找寻一方安宁的栖身之所，只不过他们来到江南之后，才发现它的环境原来与自身向往的“诗意的栖居”是那么契合。

南唐先主李昪贫贱出身，不通文墨，却善待文人和文化，推行重文抑武政策，“昪独好学，接礼儒者，能自励为勤俭，以宽仁为政”（《新五代史》卷六二），从而造就了“儒衣书服，盛于南唐”（马令《南唐书》卷二三）的文化局面。史家称叹，“方是时，废君如吴越，弑主如南汉，叛亲如闽楚，乱臣贼子无国无之，唯南唐兄弟辑睦，君臣奠位，监于他国，最为无事”（同上）。在“君君臣臣父父子子之道乖，而宗庙朝廷人鬼皆失其序”（《新五代史》卷一六）的五代十国时期，南唐成了例外。

文雅是南唐金陵风气的典型特征。李清照《词论》曰：“五代干戈，四海瓜分豆剖，斯文道息。独江南李氏君臣尚文雅。”李昪召集人才，搜集图书，兴建学校如“庐山国学”，发展南唐文化，一时兴学成风，“所统州县往往有学”（马令《南唐书》卷二三）。当时的学校有庐山国学、蓝田书院、光禄书院、梧桐书院、华林书院、兴贤书院、云阳书院、东佳书院等。由此，南唐的文艺呈现出繁荣的气象，“城满笙歌事胜游”（南唐李中《都下寒食夜作》）。史家赞誉，“于时，中外寝兵，耕织岁滋，文物彬焕，渐有中朝之风采”（《钓矶立谈》），“江左三十年间，文物有元和之风”（马令《南唐书》卷一三），“衣冠文物，甲于中原”（南唐刘崇远《金华子杂编》卷上）。

亲近商品经济、政权文人化、思想领域多元化等近代化因素，促使重文成为江南特有的气质风尚。南唐尚文，是宋代社会文人化的滥觞。具有文人化倾向的庶族地主主体的形成，奠定了经济与文化中心南移的新型阶级基础。而大量文人的存在，又促使南唐的社会文化形成了高雅、脱俗、超越传统的鲜明南方特色。南唐这一时期的文人，表现出了纯任自然、博学多才和张扬个性等特点。

郑学檬说：“五代十国时期，江南风流才子的出现，预示着商品经济的发展，城市物质生活、文化生活繁富之后文化意识开始新的变化：他们才华横溢，多才多艺，醉心有较高文化价值的艺术天地和精神生活；追求物质享受，标新立异……深得才子佳人和民间的欢迎，因为他们不是道貌岸然、仰之弥高的圣贤，有某种亲切感。”江南才子的出现，是南唐的流行现象。至于才子的“亲切感”，根本上是亲近城市经济生活的结果。

在富贵逸乐的环境中，江南才子纷纷亮相。很多才子最初来自北方，但很快就贴上了江南的标签。

左散骑常侍王仲连北土人，事元宗。元宗尝谓曰：“自古及今江北文人不及江南才子多。”仲连对曰：“诚如圣旨，陛下圣祖玄元皇帝降于亳州真元县，文宣王出于兖州曲阜县，亦不为少矣。”嗣主有愧色。（《江表志》卷二）

南唐的偏安和物质繁荣，培养出了广大的才子群。“如韩熙载之不羁，江文蔚之高才，徐锴之典赡，高越之华藻，潘祐之清逸，皆能擅价于一时；而徐铉、汤悦、张洎之徒，又足以争名于天下，其余落落，不可胜数。”（马令《南唐书》卷一三）此处的列举只占江南才子群的一小部分，偏于南唐末期。其他像中主时期，有着冯延巳以及大批著名画家，他们在乱世的安宁角落，寄情山水，同时引导服饰文化、饮食文化等商业潮流。

新兴的江南才子是一个充满生命力的群体，无论是追求做官，还是追求文艺，都从一定的积极角度出发。这一局面的形成，社会的物质繁荣是不可否认的基础。南唐士人才学高超，大多保留了血性，没有沾染五代士人但求保身的习气。当然，也有一些士人，时代赋予他们碌碌无为但求明哲保身的性格，但他们并非主流。

这些江南才子，才华横溢，个性鲜明。例如，有一次，宋齐丘设酒使作书檄、诗赋、碑颂，才子史虚白“方半醉，命数人执纸，口占笔写，俄而众篇悉就，词采磊落，坐客惊服”（《十国春秋》卷二九）。后来，李昪不能用其言，史虚白干脆归隐九江落星湾，乘双犊版辕，车上挂着酒壶，往来庐山，绝意世事。连李昪这样尊重文士的君主都不能用他，史虚白脱离现实、自由张扬的个性大概非常明显。

这些江南才子，有着丰富的个性差异，在南唐自由的文学艺术环境中创造了影响深远的南唐文化。“金陵六朝之故国也，有孙仲谋、宋武之遗烈，故其俗毅且美。有王茂弘、谢安石之余风，故其士清以迈。有钟山、石城之形胜，故其地为古今之雄盛。有长江、秦淮之天险，故其势扼南北之要冲，地大才杰。”（宋杨万里《建康府新建贡院记》,《诚斋集》卷七五）“（金陵）君子勤礼恭谨，小人尽力耕植。性好文学，音辞清举。”（《祥符图经》）比起南朝，这时金陵的特质，在勤谨、刚毅、壮丽之外，增加了“文”“清”“英”的成分。

强大的文人势力引发了轰轰烈烈的南唐党争。李昪善于团结众人，杨氏旧臣故将无不乐从，又扶持起北方人与江南人两大文化势力，以致羽翼大成，俾佐弥众。至李璟时，土著士人势力迅速膨胀，终于形成以宋齐丘为首的宋党，以及以孙晟或韩熙载为首的反对党。

李璟初立，两党竞登。李璟是仁弱之君，臣下争斗激烈。马令《南唐书》卷一六记载，孙晟为右仆射，“与冯延巳并为昪相，晟轻延巳为人，常曰‘金碗玉杯，而盛狗屎，可乎’”。由此可见他们相互攻击的程度。陆游《南唐书》卷一二讲到战争失利后，陈觉等“止削官，迁外郡。韩熙载上疏，请无赦。又数言齐丘党羽必基祸乱”。他在疏中说：“擅兴者无罪，则疆场生事之臣恬不知畏；丧师者获存，则行阵效死之士何视而劝？”其言辞颇具力度。南唐败于北周后，宋齐丘等人被赐死。

南唐的党争，对消弭南北文化差异、整合南北文化、促进文化重心南移起到了一定的积极作用，但对南唐亡国的影响有待商榷。需要指出的是，根本上是金陵故都的先天特点，导致历史上的失败又一次出现。

南唐党争的深层影响在于，文人的人格心态随着社会的剧烈变化而发生质变。南唐文人追名逐利的处世心态与意气用事、相互诋毁的仕宦心态，是南唐党争产生和发展的重要因素，而沉迷声色、逃避现实的人生取向，则体现了南唐党争对于文人心态转变的影响。乱世躲在南唐角落里，享受商业文明的江南才子，因自身势力的一时壮大生机勃勃，以自大和自恋的心理投入政治潮流，导致理不清的混乱局面和最终的悲剧。惨遭打击的才子受不了党争之痛，走向沉迷声色，逃避现实。

葛兆光认为，正是“梦里不知身是客”的贪欢和“点点滴滴在心头”

式的忧郁这两种心理的扭结，使这个时代的心理氛围呈现出变态和畸形，他们像在世纪末日似的，笑语中隐含着一丝苦笑，游冶中夹杂了一种无可奈何的味道，充满了一种对自己命运无从把握的黯淡心理。

就金陵而言，这个时代的心理不只限于贪欢和忧郁、变态和畸形。在这个宴乐歌舞的城市之中，还有沉浸文艺的愉悦和超脱，沉浸于禅宗和老庄思想的同时，也带来超脱的美感。不管旧的世界期望怎样，城市文化终归从此踏上新的征程，也必然具备自身活力和意义。宋代以后，金陵气象发生转折，曾兴盛一时，衰落一时，它的特色一边增强，一边模糊。

民国《首都志》："六朝时金陵为京都所在，衣冠萃止，相竞以文学。朝廷取士，专重风貌……下逮隋唐，流风未泯。至宋，士风趋于质厚。"宋代出现了由文雅而质厚的倾向，最终则是南方属性逐渐弱化，北方文化逐渐渗入南京文化。

余秋雨在《五城记·南京》中说："中华民族就其主干而言，挺身站起于黄河流域。北方是封建王朝的根基所在，一到南京，受到楚风夷习的侵染，情景自然就变得怪异起来。南京当然也要领受黄河文明，但它又偏偏紧贴长江，这条大河与黄河有不同的性格。南京的怪异，应归因于两条大河的强力冲撞，应归因于一个庞大民族的异质聚汇。"这种异质聚汇的结果是消解了金陵的某些江南特征，加强兼容调和的性质。再往后，杭州、苏州，甚至上海兴起，取代南京的江南经济中心地位。南京则在历史的沧桑里走向封闭保守。滚滚长江东逝水，虎踞龙盘今胜昔。

伤感的金陵，在历史中是顽强的，盛衰之因是诗性的风情和富裕的生活。虎踞龙盘的山川形势，在历史的变迁中起的作用似乎只是借口。刘士林说："从审美文化的角度看，江南文化本质上是一种诗性文化……江南之所以可以成为一个民族魂牵梦萦的对象，恰是因为它比'财富'与'文人'要多一些东西。也可以说，与那些生产条件贫瘠、生产力极其不发达的落后地区相比，它多出的是令人艳羡的鱼稻丝绸等小康生活的消费品；与自然经济条件同等优越因而衣食无忧、饱食终日的地区相比，它多出来的则是比充实仓廪更令人仰慕的诗书氛围；与人文积淀同样深厚悠久，‘讽诵之声不绝’的礼乐之邦相比，它还多出了几分‘越名教而任自然’，代表着生命最高的自由理想的审美气质。”

江南的根本优势在于，在古代就具备了发展都市文明的得天独厚的优良因子。小康消费（经济优势）、诗书氛围（文明气息）、自由理想审美（人文精神），正是都市文明的要素。这些要素得以形成的根本原因，是持续的富裕生活环境和温柔的地理。因此，江南诗性文明和繁荣的江南都市文化才会如此亲近，充满骄傲。

江南诗性审美的超脱气质，成就于富裕的都市生活环境。“如果说物质与精神的平衡发展已属不易，那么江南诗性文化的本质尤在于，即使在主体内部的精神生产中，它也最大限度地实现了实用型的伦理人文机能与非功利的审美人文机能的和谐。”这种实用和非功利成分的和谐，经过富贵故都的末世吟唱，让江南蜕变出崭新的优雅姿态。

第二章　奢靡的生活与唯美的文学

南陈文学概览

经济的繁荣不一定影响文学的质量，但会在一定程度上影响文学发展的面貌。南朝元嘉、永明、天监三朝，文学兴盛，不能说和经济的繁荣没有关系。北朝相较于南朝，在文化上就显得荒芜。

南朝长江流域经济的开发，使享受特权的士族和贵族，得到了充裕的物质供养，过着富裕安闲的生活，有余力来从事文化事业。富裕的经济消磨了斗志，淡化了责任感，使创作上呈现软化和艳化。同时，相对独立的庄园经济减少了对政治的依附，文人惬意地享受着庄园生活，纯粹地从事艺术活动，世俗功利性相应减少了，以情悦性的主体审美功能就增加了。

中国文学史上文学与经济有如此紧密关系的，还是六朝文学。六朝文学的可贵之处，在于自觉的精神以及求新、求变的勇气和实践。

六朝宫廷和上层社会的艺文之会，构成了某种风雅。例如，南朝梁昭明太子萧统“恒自讨论篇籍，或与学士商榷古今”(《梁书·昭明太子传》)。其弟简文帝萧纲“引纳文学之士，赏接无倦，恒讨论篇籍，继以文章”(《梁书·简文帝纪》)。其他如南朝宋临川王刘义庆、南朝齐竟陵王萧子良、南朝梁元帝萧绎、南朝陈后主陈叔宝等，都召集文会，共同形成了爱好文雅的风习和文艺成绩。上层社会成员有时也形成文会，比如南朝陈的大将侯安都就曾召集文会。

不仅如此，宫廷和上层成员还是文艺风气的领导者和急先锋。南朝宋初的文学风气，是“俪采百字之偶，争价一句之奇”(梁刘勰《文心雕龙》卷二)。谢灵运领导山水诗的形成和普及，得自江南山水的直接

昭明太子萧统画像

熏习。南朝齐“竟陵八友”沈约、谢朓等提倡“新变”(《南齐书·文学传论》),永明体是近体诗的先声。南朝梁和南朝陈的宫廷又创造了宫体诗。不仅如此,新兴的绝句也早早流行在宫廷诗坛。据《南史·梁本纪》,简文帝被囚时,作“诗四篇,绝句五篇”,元帝临死前“制诗四绝”。散文方面,整齐漂亮的骈体文盛行,至徐陵、庾信时达到高峰。与此相对的,是北朝以质朴散文为主题的《水经注》《洛阳伽蓝记》《颜氏家训》等。

“从宋初到陈末,文学发展的总体趋向是社会功能逐步淡化,而美学价值为所有的作家所追求”,“他们很少经历过时世的剧烈动荡,所感兴趣的,只是凭借富裕的生活条件和深厚的文化积累去领略自然界的秀美,咀嚼人世间的悲欢,以及在声色中寻求感官的刺激”(曹道衡、沈玉成《南北朝文学史》)。

文学思潮也是由上流社会倡导的,比如南朝的“缘情”说,由王筠在《昭明太子哀册文》中提出:“吟咏性灵,岂惟薄伎,属词婉约,缘情绮靡。”之后,萧纲在《诫当阳公大心书》中提出“文章且须放荡”。萧绎在《金楼子·立言》中说:“绮縠纷披,宫徵靡曼,唇吻遒会,情灵摇荡。”佛教经论也出现相应的色欲异相之说。因此,裴子野《雕虫论》说,萧纲“深心主卉木,远致极风云,其兴浮,其志弱”。叶燮的《原诗》也说,“六朝诗则有枝叶”,“六朝诗始有窗棂楹槛、屏蔽开阖”,“六朝之诗,始知烘染设色,微分浓淡”。这些都显示出在诗歌形式结构上的细致唯美追求。相对来说,在这样环境下的文学格局,比较狭小,“气格卑弱”,然而形式优美,“圆美流转如弹丸”(谢朓语,《南史·王筠传》)。

到南朝陈后主之时,文艺气氛已很浓厚,而与北方在军事上抗衡的力量丧失殆尽。陈后主君臣沉浸在宴乐之中,文学笼罩着浓厚的脆弱浮靡的氛围。

陈后主因为狎客的宫廷生活方式，一直为后人诟病，其文学风格，与中原传统诗书礼义的道德风范背道而驰。这一切的产生有着特殊背景。

陈后主荒淫的生活方式和文学风格，受到了当时盛行的蛮族风气特别是巫风的影响，不能简单归之荒淫的道德谴责。陈后主《玉树后庭花》一类的诗歌，体现出异质之感，包含了衰亡的气息和华丽的宫廷气氛，还有妖异的风格。

玉树后庭花

丽宇芳林对高阁，新妆艳质本倾城。

映户凝娇乍不进，出帷含态笑相迎。

妖姬脸似花含露，玉树流光照后庭。

花开花落不长久，落红满地归寂中。

“妖姬”一类的词，为陈氏偏爱。这是一个脆弱的、不真实的场面，那些芳林、流光的华丽，好像不是正常的华丽，而是带着异样的色彩。

听筝诗

文窗玳瑁影婵娟。香帷翡翠出神仙。

促柱点唇莺欲语。调弦系爪雁相连。

秦声本自杨家解。吴歈那知谢傅怜。

秪愁芳夜促。兰膏无那煎。

这些诗句让人明显感到“妖而浮”的特点。它们艳丽，却艳丽得不正常。它们蕴含着死亡的气息，却又异常华美。总而言之，描写的不是正常的现实世界。陈后主艳情诗独特风格的来源，应该是南方蛮族的原始气质和巫风。蛮族民间风气影响皇帝的诗歌，这是很不容易的。在和梁简文帝萧纲以及南唐后主李煜的比较中，更容易发现陈后主生活和诗歌的异质成分。

梁、陈前后时间相距较短，这方面的差别很微妙，但在一些诗人的诗作里也很明显。萧纲无论是血统还是宫廷环境，都在中原大姓的范围内。他的文友徐摛、庾肩吾都出身世家。尽管萧纲所作宫体诗受到"放荡"的批评，但他的放荡止于作诗，而"立身先须谨慎"（梁萧纲《诫当阳公大心书》）。即便是作诗，他的兴趣也只集中在"女性"，很直白。试看萧纲《咏内人昼眠》：

北窗聊就枕，南檐日未斜。
攀钩落绮障，插捩举琵琶。
梦笑开娇靥，眠鬟压落花。
簟文生玉腕，香汗浸红纱。
夫婿恒相伴，莫误是倡家。

作者只是细致直白地刻画了女子的姿容和一举一动。萧纲这类诗很多，和传统风雅完全不一样，但并不妖异。

陈后主"生深宫之中，长妇人之手"（《陈书·后主纪》），李煜也是如此。李煜风流，善写词，试看其传世名作《浪淘沙》：

帘外雨潺潺，春意阑珊。罗衾不耐五更寒。梦里不知身是客，一晌贪欢。

独自莫凭栏，无限江山。别时容易见时难。流水落花春去也，天上人间。

明显可见，李煜有一颗赤子之心，和陈后主的怪异不是一回事儿。再看李煜言情的作品，比如《谢新恩》，即便也有衰亡气息和宫廷气氛，但描绘的是正常的感情：

秦楼不见吹箫女，空馀上苑风光。粉英金蕊自低昂，东风恼我，才发一衿香。

琼窗梦醒留残日，当年得恨何长。碧阑干外映垂杨，暂时相见，如梦懒思量。

妖异的风格，还见诸史书对陈后主及张贵妃其人其事的描绘。陈后主荒淫的宫廷娱乐本身，是怪异的。

常使张贵妃、孔贵人等八人夹坐，江总、孔范等十人预宴，号曰“狎客”。先令八妇人襞采笺，制五言诗，十客一时继和，迟则罚酒。君臣酣饮，从夕达旦，以此为常。(《南史·陈后主纪》)

“狎客”的玩赏，是君臣男女相杂，通宵达旦宴饮，制五言诗，并且以此为常。这和传统的风雅迥异，除了因为末世颓废，应当是受南方蛮族风气的影响。绮艳、轻荡而又哀伤的男女唱和，弥漫于陈后主的宫廷，那是怎样的气氛呢？用“妖异”来形容，应该是确切的。

陈后主的生活和诗作，对于一个古代的中国人来说是异端，所谓全无心肝，完全背离传统。陈后主宠妃张贵妃的形象本身，也充满了妖媚的气息。

张贵妃发长七尺，鬒黑如漆，其光可鉴。特聪慧，有神采，进止闲暇，容色端丽。每瞻视盼睐，光采溢目，照映左右。常于阁上靓妆，临于轩槛，宫中遥望，飘若神仙。(《陈书·后妃传》)

张贵妃画像

陈后主有很多地方可能受到了蛮族风气的影响。

《陈书》记载，陈代开国君主陈霸先乃“吴兴长城下若里人”，虽有两百年前的中原血统，实为土断吴人。其妻章要儿“吴兴乌程人也”，“本姓钮”。往下，陈世祖之沈皇后“吴兴武康人也”。再往下，陈叔宝之父陈高宗也是“先聚吴兴钱氏女”，只有生母柳皇后乃“梁武帝女长城公主”之女。到陈叔宝本人，皇后沈氏出吴兴，“母高祖女会稽穆公主”，而张贵妃直是“兵家女也”。由此可见，同南朝其他朝代的君主受高门大姓浸染不同，陈叔宝的家庭影响兼有中原传统和南方吴人的成分，后者占主流。陈叔宝的血统，主要是南方吴人。

陈高祖隆起之时，多借助南方豪族之力，之后陈代朝廷官员里，土著成员很多。陈后主在陈代灭亡前，没经过动乱，基本上处在深宫温柔乡的庇佑之下，活动范围就是深宫那块地盘。他的交际圈，一是文人，二是后妃。陈后主文学集团成员，在逯钦立的《先秦汉魏晋南北朝诗》中留有诗作或有文传世的十人中，徐陵（陈朝高官，基本不参加陈叔宝文学聚会，严格地说不属于其文学集团）是东海人，江总是济阳考城人（外家岭南豪族），傅縡是北地灵州人，王瑳属大姓，这四人算是中原名门出身，而陆瑜、陆琼、陆玠、顾野王乃吴郡吴人，陈暄是义兴国山人，孔范是会稽山阴人，此六人是南方吴人出身，平日和陈后主关系亲近，还有些同乡同姓的牵连。陆瑜去世时，陈后主亲自写《与江总书悼陆瑜》，饱含欣赏和感情。在文学水准和贵族风度方面，陈后主较多地吸收了徐陵、江总等中原大族士人的优秀因子，不过，这两人的诗中没有出现过陈后主《玉树后庭花》那样的风格。南方吴人出身的六人，通过频繁的文会往来，可能在风格上、气质上熏陶了陈叔宝。

后主张贵妃，名丽华，兵家女也。家贫，父兄以织席为事。后主为太子，以选入宫。是时龚贵嫔为良娣，贵妃年十岁，为之给使，后主见而说焉，因得幸，遂有娠，生太子深。后主即位，拜为贵妃。性聪慧，甚被宠遇。后主每引贵妃与宾客游宴，贵妃荐诸宫女预焉，后宫等咸德之，竞言贵妃之善，由是爱倾后宫。又好厌魅之术，假鬼道以惑后主，置淫祀于宫中，聚诸妖巫使之鼓舞。因参访外事，人间有一言一事，妃必先知之，以白后主。由是益重妃，内外宗族，多被引用。（《陈书·后妃传》）

张贵妃是贫寒土著出身，聪慧。她从陈后主游宴，推荐其他宫女一起参与，形成所谓狎客的怪诞局面。这种做法有蛮族的原始风气影响。张贵妃擅长巫术，所谓“鬼道”“妖巫”“淫祀”，肯定是蛮族风气。作为陈后主文会的重要参与者，张贵妃应该给了陈后主极大的影响。

南方土著的风格影响文人的诗歌，很早就有了。比如，《楚辞·招魂》里就写到“士女杂坐”的楚地巫风，它也促成楚辞奇谲瑰丽的风格。西晋东渡后，南方的吴声西曲开始陆续影响文人的诗歌。永明体的兴起和吴声西曲的影响也有密切联系。但是，这种影响只是局限于吴声西曲的文字本身，未深刻到南方蛮族风气。此外，文人对吴声西曲的态度很矛盾。高门大姓看不起它，称之“淫声”“妖俗之言”。《世说新语·言语第二》记载：“桓玄问羊孚：‘何以共重吴声？’羊曰：‘当以其妖而浮。’”“妖而浮”的特点为中原正统所排斥。同时，吴声西曲确实在一定程度上“败坏”了礼乐文化。“自顷家竞新哇，人尚谣俗，务在噍杀，不顾音纪，流宕无崖，未知所极，排斥正曲，崇长烦淫。士有等差，无故不可去乐，礼有攸序，长幼不可共闻。故喧丑之制，日盛于廛里；风味之响，独尽于衣冠。”（萧子显《南齐书》）正统对这类民歌的态度一直是抑制的。《文心雕龙》《诗品》和《文选》的编撰者莫不如此。即便是吴声西曲本身，也一直缺乏在正统文化中真正繁兴的土壤。帝王诗歌风格受其影响就更有限。梁代诸帝诗作基本不见有类吴声西曲的“妖浮”风格，陈后主诗作中妖异的特点就比较明显，与土著风习有共通处。

妖异的氛围，在南陈末渗透到艺术领域。南朝陈的姚最在《续画品》中评论沈粲的画作：“笔迹调媚，专工绮罗屏障，所图颇有情趣。”调媚之情趣，在当时的文艺中有所蔓延。陈文帝陈蒨永宁陵的石麒麟造型，灵动俊美，矫健秀逸，纹饰繁缛华美，张口露齿，足跟着地，足趾翘起，足掌心朝前，给人“张牙舞爪”之感，其特色亦见妖异的形迹。

这里说的南方蛮族或南蛮，泛指当时南方溪、俚、越等古族。南朝商业城市发达，士族喜居都邑，特别集中于建业和江陵。侯景攻破建业，西魏攻陷江陵以后，梁朝绝大部分士族被消灭，南方的土著豪酋趁机崛起。陈朝是依恃南方土著豪族建立起来的。此为江左三百年政治社会的大变动。陈朝南方蛮族兴起，蛮族风气，包括原先三吴士族保留的地方习气，逐渐弥漫，甚至影响了帝王的生活，这在陈朝之前是少有的。

相对于发展成熟的中原文明，南方蛮族的主要特点包括近似原始状态的“野”和“巫”。他们对于男女人伦不像中原正统那样严肃，这为陈后主放荡的宫廷生活特别是狎客的方式，提供了基础。当地盛行巫风，也是张贵妃“鬼道”“淫祀”之由来的最好解释。

其实，中华民族善于吸收异质的成分，古已有之。例如，战国时期，楚国屈原的《离骚》《九歌》等有浓烈的巫风气息。又如，唐代的李白（出生于中亚碎叶）未尝没有吸收胡人的豪放气息。往大处说，佛教思想从印度传来，逐渐中国化。其他诸如燕乐、胡服等，不胜枚举。陈后主的《玉树后庭花》只不过是其中的个例，尽管对于他本人影响是深刻的。特殊之处在于，这一次妖异颓靡的气质，融合着衰亡气息和宫廷气氛，完全颠覆了已有的儒家雅正传统，所以不见容于世，几成中国文学史上的特例。

南唐文艺概览

一、妓乐

南唐于开国之初即设置教坊，以专掌乐事。南唐演艺的成就，与江南妓乐的发展有着密切的关系。吴末及南唐初年，是江南妓乐得以恢复的关键时期。那时的乐妓有官妓和家妓两类。

其一，教坊伶人。此乃御用乐工，史籍所载者，有杨花飞、李家明、王感化等人。“王感化，建州人。善讴歌，声韵悠扬，清振林木。初隶光山乐籍，后入金陵，系乐部为‘歌板色’……元宗尝作《浣溪沙》二阕，手书赐感化，‘菡萏香销翠叶残’与‘手卷珠帘上玉钩’是也。后主即位，感化以词札上。后主感动，优赏之。”（《十国春秋》卷三二）

其二，士大夫家妓。唐中宗神龙二年（706），下诏规定：“三品以上职有女乐一部（共五人），五品以上女乐不过三人。”（王溥《唐会要》卷三四）唐末后梁时期，士大夫求生艰难，畜妓之风渐衰。以前蜀文臣而论，殆无一家。五代后期，后蜀与南唐偏安日久，家妓数量日见其多。《南唐近事》卷一记载：“严续相公歌姬，唐镐给事通犀带，皆一代之尤物也。唐有慕姬之色，严有欲带之心，因雨夜相第有呼卢之会，唐适预焉。严命出姬解带，较胜于一掷，举座屏气观其得失。六骰数巡，唐彩大胜，唐乃酌酒，命美人歌一曲以别相君。宴罢，拉而偕去，相君怅然遣之。”

马令《南唐书》卷二二记载，其“家畜妓乐，迨百数人，每置一妓，费数百缗，而珠金服饰，亦各称此”。《旧五代史》卷一三一记载：“晟以家妓甚众，每食不设食几，令众妓各执一食器，周侍于其侧，谓之‘肉台盘’。”

至于像韩熙载那样风流冠世的文臣，其声妓之盛不必赘言。不过，“肉台盘”的情况不符合南唐整体的清雅风尚，缺乏品位，在历史记载中是特例。

江南乐舞妓人的增加与声色时尚的形成，要等到李璟即位以后。究其先声，则始于李璟入主东宫时。李璟、李煜的词作，主要与教坊及宫中才女的乐舞背景有关，冯延巳等人的歌词又与数量可观、色艺俱佳的家妓歌乐相互应和。

“乐舞环境和歌妓身份的变化，势必会影响士大夫倚曲填词的艺术涵养和人格品位。宾僚宴集，家妓佐欢，词涉淫靡，总非所宜。是故，同是‘依曲拍为句’，作于秦楼楚馆者不避倡风，制于家宴曲会者则渐趋雅致。李易安谓‘江南李氏君臣尚文雅’，王国维称李后主‘变伶工之词而为士大夫之词’，究其根本，雅化的词乐环境乃词风变雅的基本条件。”

那么，又怎么理解南朝宫体诗呢？它产生于上层社会，却并不“雅”。关键要素是，南朝时理论上文学和立身还是分离的，所谓“立身先须谨慎，文章且须放荡”（南朝梁萧纲《诫当阳公大心书》）。但考察南唐词人冯延巳、李璟、李煜等人，其文学逐渐与生命合而为一，成为唯美理想的追求和抒发，自然会雅化。在这一点上南唐是超前的。

同时，南唐软舞与北方后周粗犷的舞蹈形成了鲜明的对比，南唐的表演艺术创造了雅化的环境，不仅承继了唐代乐舞的艺术成就，开辟了演艺的新视野，也成为南唐词得以兴盛和宋词勃兴的艺术中介。富贵故都的君臣生活，在浅斟低唱中徐徐展开。

二、诗词文

南唐的文气愈加软弱，“南唐承唐末文体纤丽之弊，士率不能自振”（陆游《南唐书》卷一一）。尽管韩熙载、徐铉都以骈文闻名，骈四俪六的形式毕竟走到了末路。今存文以实用文字为多，如韩熙载长于碑碣。潘祐、徐锴也各有所长。

富有文才，骈散兼长，各体皆擅，对后世影响更大的作家是徐铉。他为文敏速，每在“率意而成”中显示出独特的文学造诣。他为人称道的是近百篇制诰文，这些官样文字内容无甚可取，却能体现他的渊博学识和落笔成章的文才。他咏物写景的短小散文富有真情实感，序跋文和碑志文也颇有佳篇。徐铉积极倡导白居易一派清新晓畅的文风，又不废骈文的词采富赡、音韵调畅，因此他的散文典雅疏淡，自成一家，堪称五代文坛的有力后殿、北宋古文运动的先声。

南唐的诗歌创作依然普遍，但质量上不能与唐代相比，这与诗歌自身演变规律以及南唐前期才子群的文化基础都有关系。不过，才子们至少造成了一种诗歌繁荣的局面。

南唐的诗人主要有两种倾向，一是学贾岛、姚合，二是学白居易。以学白居易最为普遍，形成了颇具特色的“宗白”诗风，主要人物有李建勋、冯延巳、冯延鲁、徐铉、韩熙载、江文蔚、乔匡舜等。外在方面，他们喜欢白居易次韵酬唱、“率意而成”的作诗方式；内在方面，他们则喜欢简单平易的风格，以及上承杜甫积极用世、关心百姓的心怀。

南唐诗由“宗白”到取法中唐元和体，由讽喻诗到集中学感伤诗、闲适诗和杂律诗，兼学李白，形成吟咏性情、清淡典雅的南唐宗白诗特质，格调闲适伤感。其中微妙的变化，与社会处境及士人心态息息相关。

南唐诗内容主要有，与僧道交往，明哲保身，浓厚的及时行乐思想，休养生息带来的繁荣景象，社会衰萎引发的忧伤等。闲适和感伤的内容，让人感受到这群文人的活跃和由他们造就的社会潮流，从而使质量不高的南唐诗具有了深远的社会历史意义。

其中，李建勋的诗作可以体现南唐诗歌的基本风貌。李建勋的诗作，或花间樽前寓目缘情，或与友人酬答慰藉，表达得最充分、最突出的是在山水诗酒中求得自适的情怀。他的诗风清婉淡雅，虽显软弱，深警未足，却给南唐的徐铉等人以有力影响。如《落花》一诗：

惜花无计又花残，独绕芳丛不忍看。
暖艳动随莺翅落，冷香愁杂燕泥干。
绿珠倚槛魂初散，巫峡归云梦又阑。
忍把一尊重命乐，送春招客亦何欢。

与诗相比，五代的词才是主流和亮色。其中西蜀“声色渐开”（明陈廷焯《白雨斋词话》卷五），“花间词”浓丽。欧阳炯在《花间词序》中写道：“镂玉雕琼，拟化工而迥巧；裁花剪叶，夺春艳以争鲜。是以唱云谣则金母词清，挹霞醴则穆王心醉。名高《白雪》，声声而自合鸾歌；响遏行云，字字而偏谐凤律。《杨柳》《大堤》之句，乐府相传；《芙蓉》《曲渚》之篇，豪家自制。莫不争高门下，三千玳瑁之簪；竞富樽前，数十珊瑚之树……自南朝之宫体，扇北里之倡风。何止言之不文，所谓秀而不实。有唐已降，率土之滨，家家之香径春风，宁寻越艳；处处之红楼夜月，自锁嫦娥……”

“花间词”之所以浓丽，是因为西蜀虽富，但地偏，风格上不能像南唐这样温柔典雅。

西蜀与南唐的词风有别，原因之一是中晚唐时扬州的歌唱艺术超过益州。扬州文化比益州发达，商业规模也大。扬州是南朝吴歌艳曲的发源地，有传统。扬州人的浪漫习气更浓。南唐君臣文化素质普遍高，继承清新雅致之风，抒写心声，形成南唐词作的雅致、蕴藉之风。南唐君臣的词作，没有富丽堂皇、富贵闲愁的态势，是真切的忧愁。

西蜀花间时期，声色大开，却终究没有扬州商业文化发达，诗性的浪漫弱一些。“西蜀词的地域风格浓艳绵密，崇尚的是温庭筠的词风；南唐词的地域风格清丽疏淡，崇尚的是韦庄的词风。南唐词风对北宋前期的词坛创作影响很大。”（吴慧娟《试论西蜀词与南唐词风格的异同》）“通过与花间词的综合比较，彰显出南唐词独特的审美特质：富贵典雅之致、忧患感伤之意、主观情性之美、疏朗清畅之调。南唐词艺术为北宋文人词的创作产生了直接的典范意义。”（高峰《南唐词的审美特质》）

南唐词体渐尊，词风也主“文雅”，以至如诗般吟咏性情。南唐“词之言长”，“尤重内美”，“婉于诗”，“深于兴”，所以大量选用含清乐成分较多的曲调，“从容雅缓”，有“士君子之遗风”（《通典·清乐部》）。

南唐词的成就、地位都在西蜀之上。南唐词人首数宰相冯延巳和李璟、李煜二主。

冯延巳词作的题材范围虽不广泛，但他着力创作，借助男女相别相思的形式自述身世之感，接触到文人士大夫内心世界的许多方面。冯词的主要内容是追怀旧欢和吐诉新愁，运笔娴熟老练，风格深婉蕴藉。他不仅自觉地把寄托运用于词，还能做到运化无迹。造境主观色彩浓重，物象丰满，而且极显幽深。他的词上承温、韦，下启北宋欧、晏，起了“正变之枢纽”的关键作用。

李璟词多能在女性伤离念远、惜春悲秋中别寓怀抱，在叹惋衰败中潜含无限哀痛，出入风骚，庄严肃穆，绝少藻饰，毫无“花间”面目，具有抒情诗味，为李煜词先导。

李煜词表现人生，富有真情实感。其词前后期呈现明显不同的思想面貌，内容主要为宫廷享乐、离愁别恨和囚徒生活三个方面。他的词被目为“天籁”“神品”，超拔常人，巧夺天工，别开生面，独具一格，达到了前人不曾达到的艺术境地。李煜词的语言具有平易自然的本色美，如清水芙蓉、行云流水，而且精醇不芜，具有淳厚的诗意。李煜词艺术概括准确凝练，表现手法多种多样，更多直抒胸臆，多用简练笔墨勾勒而不加烘托的白描。抒情主人公形象鲜明具体，创造完全意境，以意为主，以个性化的语言和表现手法毫不掩饰地大胆抒写自身。词至此突破了“花间”藩篱，真正成为一种有力的抒情工具，无论内容还是形式都发生了极为明显的变化。李煜词集五代词之大成，开创了一个新时期。

“宋初诸家，靡不祖述二主”，尤其是晏殊和晏幾道。李煜词既影响了秦观、李清照等颇有成就的婉约派词人，也启发了苏轼、辛弃疾那样的豪放大家，影响直至明清，可谓深远。

南唐中主李璟俨然大词人，到了后主李煜，就更像翰林学士了。越到末世，奢靡颓唐之风越炽。江南才子留下了特定情境的敏感感悟。富贵故都的君臣夜宴，是在高品位的文学氛围中产生的。

三、文献

南唐徐铉、徐锴兄弟在学问方面取得了杰出的成就。

《说文解字》是汉代许慎所编，是中国最早的字典。徐铉有感于许慎《说文解字》的不足之处，加以校订。他在《说文解字序》中说：“自唐末丧乱，经籍道息。有宋膺运，人文国典，粲然复兴，以为文字者六艺之本，当由古法，乃诏取许慎《说文解字》，精加详校，垂宪百代。臣等敢竭愚陋，备加详考。”具体来说，徐铉订正了文字传写传释过程中的失误，纠正了李阳冰刊订的臆说。同时，新的《说文解字》在旧本基础上，增加新附字，增加注释，增加反切。

徐铉弟徐锴亦善小学，曾以许慎《说文解字》依四声谱次为十卷，目曰《说文解字韵谱》。徐铉序之曰：“舍弟锴特善小学，因命取叔重所记，以《切韵》次之，声韵区分，开卷可睹。锴又集《通释》四十篇，考先贤之微言，畅许氏之玄旨，正阳冰之新义，折流俗之异端，文字之学，善矣尽矣。”铉亲自为之篆，镂板以行于世。

今天始有徐铉的《说文解字》和徐锴的《说文解字系传》。其中，《说文解字系传》的优点在于：“根据周祖谟先生的研究……它除引证古书和今语疏证古义和古语外，还有以下几个特点：一、以许训解古书；二、说明古书的假借；三、说明古今字；四、说明引申义；五、兼举别义；六、辨声误。”（徐锴《说文解字系传·出版说明》）

徐铉等校订的《说文解字》于宋雍熙三年（986）由国子监雕版，流传至今，为研究文字学和学习小篆的必读之书。

又史载徐铉有文集三十卷，《质疑论》若干卷（《宋史》卷四四一）。徐铉之弟徐锴“著《说文通释》《方舆记》《古今国典》《赋苑》《岁时广记》，及他文章，凡数百卷”（陆游《南唐书》卷五）。

徐铉还著小说集《稽神录》，乃鬼怪神异之说。“（徐铉）不喜释氏而好神怪，有以此献者，所求必如其请。”（《宋史》卷四四一）《稽神录》文本价值虽不甚高，对有宋一代的小说却产生了很大的影响。

徐铉还擅长围棋。他是一位颇有成就的围棋理论家，著有《棋图义例》《金谷园九局谱》《棋势》等围棋理论著作。他的《棋图义例》是我国围棋史上第一本全面研究围棋战术的著作。明陈继儒《珍珠船》记载，为便于人们记棋谱，徐铉分别给围棋盘上的十九道线冠以名称，大大方便了棋谱的记录。

南唐国主都喜爱图书文献、古玩雅好的收藏，李煜是一位身体力行的君主。

宋王应麟《玉海》称：“宋初凡得蜀书二万三千卷，江南书三万余卷。”马令《南唐书》卷二三则有宋初“得金陵藏书十余万卷”之说，而且是经过精心校对的图书。史家甚至以“鲁之存周礼”来称誉南唐。

与文化发展相并行的，是南唐的雕版印刷技术。当时中原和南方前蜀、后蜀、吴越都有大规模刻印儒道禅经典之举。南唐没有出现刻经，但刻印了《史通》《玉台新咏》等书，对文化的传承起到了积极的作用。

四、绘画

南唐重视书画艺术的发展，顾闳中、周文矩、徐熙、卫贤、王齐翰等著名画家活跃在画坛，与冯延巳等文豪才子组成了庞大的文人群体，与官僚、贵族、富商聚居一处，使金陵平添了别样的脂粉繁华之气。

画院是五代两宋“翰林图画院局”的别称，正式建立于西蜀，从此宫廷之中有了真正意义上的绘画机构。南唐画院设翰林待诏、翰林司艺、画院学生、内供奉等职，成为粗具规模的宫廷组织机构。金陵的画院里画师众多，会集了当时的丹青高手，宋郭若虚《图画见闻志》记载，有卫贤、周文矩、董源、王齐翰、高太冲、徐熙、董羽、赵幹、解处中、朱澄、刘梦松等人。如此庞大的队伍，或许不减于文学，其中优秀者，品位自不待言。所以，关于《韩熙载夜宴图》，那个生活放荡的韩熙载，应该不如画的作者顾闳中深沉有素养，画的内涵显示了这一点。

南唐画的特征是清、空、淡、雅，对北宋画风形成的影响很大。南唐画风和词风基本一致，都是地域风格所致。

花鸟画家徐熙多画“江湖所有汀花野竹，水鸟渊鱼”（宋郭若虚《图画见闻志》卷一），“黄家（黄筌）富贵，徐熙野逸”（《图画见闻志》卷一）。徐熙善画铺殿花，作为宫廷装饰图案。“江南徐熙辈，有于双缣幅素上画丛艳叠石，傍出药苗，杂以禽鸟、蜂蝉之妙，乃供李主宫中挂设之具，谓之铺殿花（见图 5），次曰装堂花，意在位置端庄，骈罗整肃，多不取生意自然之态，故观者往往不甚采鉴。”（《图画见闻志》卷六）徐熙之孙徐崇嗣擅长“没骨花”（见图 6）。徐家花鸟注重精神，风神高旷。其画法为“落墨”和“勾勒填色”，看来精致和精神具备。

山水画家赵幹“多作楼观、舟船、水村、渔市、花竹，散为景趣，虽在朝市风埃间，一见便如江上”（《宣和画谱》卷一一）。其《江行初雪图》全卷，描写长江沿岸渔村初雪情景。天色清寒，苇叶树林，江岸小桥，一片初白，寒风萧瑟，江水微波；渔人冒寒捕鱼，骑驴者瑟缩前进，表现出江南初冬渔民和旅行的生活情况，绘景、画人均极传神。图中树石笔法老硬，水纹用笔尖劲流利，天空用白粉弹作小雪，表现出雪花的轻盈飞舞。图前题“江行初雪，画院学生赵幹状”（见图7），应是南唐后主李煜的笔迹。画不只重神，同时表现渔民生活的艰辛，究其风格，和董源等以及南唐文化的诗性主流还是有些距离的，但这也正显示了南唐文化的多元丰富。

董源，以水墨淡彩图绘江南山川江河纵横、草木丰茂、山峦明秀的风光。“山水江湖，风雨溪谷，峰峦晦明，林霏烟云，与夫千岩万壑，重汀绝岸，使鉴者得之，真若寓目于其处也。”（《宣和画谱》卷一一）董源善用披麻皴、点子皴技法，代表画作有《潇湘图》《夏景山口待渡图》和《夏山图》。董源最擅长表现的是烟云之态，正是江南的典型风景。其画是江南气质的高层次表现。

画僧巨然是董源的学生，画“淡墨轻岚”，笔墨较董源趋于粗放，虽不全是云雾迷蒙，但往往散发出浓重湿润之气。巨然的《秋山问道图》（见图8）中，主峰耸立，却无坚凝雄强之势，但见柔婉；曲山抱合处，密林丛丛，三二茅舍坐落其中，柴门洞开，引小径回旋，折入深谷；坡岸逶迤，有树木偃仰，碎石临流，蒲草迎风。令人幽情思远，如睹异境，如米芾所赞，“岚气清润，布景得天真多”，“明润郁葱，最有爽气”。整个画面气势空灵，生机流荡。

人物画家王齐翰，《宣和画谱》称其人物画“不曹不吴，自成一家”。《勘书图》描绘文士勘书之暇挑耳自娱的情景，画风闲适清雅，亦是当时文人的真实处境。

周文矩，擅长“战笔”，《宫中图》深受后主喜爱。画有神，而闲适的另一面是无聊，同样反映在画中。

我们赞叹南唐文化的华美精致和高雅品位。观其文艺成就，仅就绘画而言，殆非虚景。

生活方式与文艺相呼应

历史生活是文艺的根基，同时又存在于文学艺术之中，二者对应，互为标签。这样的趋向很普遍。比如陶渊明的归隐和他的田园诗，赤壁之战和《三国演义》，大观园和《红楼梦》等。金陵末世君臣的生活状态，与他们的文艺作品及历史记载中的文学性描述相呼应。

陈后主陈叔宝的“八人夹坐”宫廷生活奢靡，还曾为宠妃建临春、结绮、望仙三阁，极尽华丽。

阁高数丈，并数十间，其窗牖、壁带、悬楣、栏槛之类，并以沉檀香木为之，又饰以金玉，间以珠翠，外施珠帘，内有宝床、宝帐，其服玩之属，瑰奇珍丽，近古所未有。每微风暂至，香闻数里，朝日初照，光映后庭。其下积石为山，引水为池，植以奇树，杂以花药。后主自居临春阁，张贵妃居结绮阁，龚、孔二贵嫔居望仙阁，并复道交相往来。（《陈书·后妃传》）

如前文所说，陈后主在后庭“八人夹坐”的享乐场面、艳情的狎客生活方式，成为历史上的典型一幕。

与奢靡的生活相呼应的，是陈后主的诗歌。

后主嗣位，耽荒于酒，视朝之外，多在宴筵。尤重声乐，遣宫女习北方箫鼓，谓之“代北”，酒酣则奏之。又于清乐中造《黄鹂留》及《玉树后庭花》《金钗两臂垂》等曲，与幸臣等制其歌词，绮艳相高，极于轻薄。男女唱和，其音甚哀。（《隋书·音乐志》）

除了绮艳的《玉树后庭花》，陈后主还有许多类似的诗歌：

玉树后庭花，花开不复久。(《歌》)

璧月夜夜满，琼树朝朝新。(《歌》)

桂钩影，桂枝开。紫绮袖，逐风回。日明珠，色偏亮。叶尽衫，香更来。(《古曲》)

陈后主的富贵荒淫生活和他华美艳情的诗歌，有着相似的颓靡风格。富贵故都的生活，影响了陈后主文学的特征。

南唐李后主李煜的生命前期，也就是亡国前的生活，也是以沉迷宴乐为特征的。

尝于宫中以销金红罗幕其壁，以白银钉、玳瑁而押之；又以绿钿刷隔眼，糊以红罗，种梅花于其外；又于花间设彩画小木亭子，才容二座。煜与爱姬周氏对酌于其中。如是数处。每七夕延巧，必命红白罗百匹以为月宫天河之状，一夕而罢，乃散之。(《五国故事》卷上)

李后主前期的词，最有代表性的就是表现宴乐生活的欢乐，例如：

玉楼春

晚妆初了明肌雪，春殿嫔娥鱼贯列。笙箫吹断水云间，重按霓裳歌遍彻。

临春谁更飘香屑，醉拍阑干情未切。归时休放烛花红，待踏马蹄清夜月。

浣溪沙

红日已高三丈透，金炉次第添香兽，红锦地衣随步皱。

佳人舞点金钗溜，酒恶时拈花蕊嗅，别殿遥闻箫鼓奏。

菩萨蛮

铜簧韵脆锵寒竹，新声慢奏移纤玉。眼色暗相钩，秋波横欲流。

雨云深绣户，来便谐衷素。宴罢又成空，梦迷春睡中。

李后主精致艺术化的宫廷生活方式，与他的精致词句，存在某种同一性。

富贵故都的生活，是唯美文学的基础，为文学提供了华丽的场景，很大程度上影响了文学的性质，造就了富贵的上层文学。陈后主和李后主的宴乐，都是发生在奢华的场景之中。韩熙载的夜宴场面，就是雄厚的物质基础的产物，顾闳中所画的《韩熙载夜宴图》也注定是达官贵人的生活画卷。

富贵故都的生活本身，包含着浓重的审美成分，才会与文学具有很大程度的同一性。在《韩熙载夜宴图》（见图4）中，人物所着服饰、色彩的搭配、器物的精致华美，特别是那些瓷器，都具有很高的艺术品位。夜宴中有着极为丰富的歌舞表演及各种乐器表演，如果主人和参与者没有很高的艺术素养，是无法享受这样的艺术盛宴的。现实的文艺气氛，直接参与构成了《韩熙载夜宴图》的艺术风格。

陈后主和李后主都擅长文艺，其后妃或擅长文艺，或姿容佳美，或两者兼具（这在南唐更明显）。后妃、宫女穿着“天水碧”，扮作“北苑妆”（见图9），用着那些精致的器物，如“诸葛笔”“烧槽琵琶”，整日沉浸在浓厚的艺术氛围之中。场景的装点也异常精致，如陈后主的玉树后庭，华美异常，又如李后主的“锦洞天”，极其精致。陈后主和李后主文学中浓厚的唯美气氛，就是这么来的。富贵故都夜宴的主人和参与者，身份不同，却都是文化精英，敏感地感受着时代的气息。这种伤感的气质，一旦面对诗酒文艺的抒发场合，就会演化为特有的贵族颓靡气质。他们丰富的思想内涵也直接体现在文学之中。

《韩熙载夜宴图》中，韩熙载落寞的目光（见图3）这一画龙点睛之笔，有具体的现实对应。

反过来，文学也参与和诠释富贵故都的宴乐情景。最直接的例子，就是在宴乐中的唱词，这是词发展过程中的重要因素。又如宫廷文会中，文学直接产生于其中，从而很大程度地影响着宴乐的进程，主要体现在精神气氛上。这种文艺的直接参与，促使富贵故都的君臣生活包含更多的审美成分，从而具备文艺气息甚或唯美气质。

除了直接参与，文艺对于富贵故都生活场景在后世的传播，更是功莫大焉。《韩熙载夜宴图》是存世极少的对古代贵族夜宴写实的绘画之一。正是通过它，我们才可以满足窥视古典的兴趣。

后世对陈后主后庭宴会的印象，大都来自《玉树后庭花》这类诗，再加上"商女不知亡国恨，隔江犹唱后庭花"等诗句的进一步渲染。李后主和大小周后一起沉浸宴乐的风貌，也是通过他的词传递给后人的。再则，经过文学的审美升华，现实中富贵故都的末世寻欢场面，也被去粗取精，摆脱了不那么美丽的现实成分，变得更华美、更深刻、更具典型意义，从而真正成为审美对象。这是艺术对现象的升华。我们在艺术中看不到纵酒失态的丑陋，现实元素经过了审美的加工。

比如，韩熙载生活放荡，但《韩熙载夜宴图》让我们看到了一个风度优雅的贵族，那是剪去形而下成分的结果。韩熙载不过是一个失意的浪荡才子，他的放荡本来没有那么深刻的意义，但是画家顾闳中将那种属于整个时代的典型的落寞目光，赋予了他。所以后世都认为韩熙载深刻。这是艺术的再造作用。

同样，陈后主将张贵妃置于膝上的场面，经过审美处理，转化为玉树流光，映照后庭。李后主病酒之时嗅花蕊的神情，也是风采盎然。是艺术，真正使富贵故都的生活从不全是美好的现实，转化为华美的欣赏对象，而且以其特有的形质流传后世。

以上分析的是富贵故都生活和唯美文学对应的典型情形，更广义些，则是富贵精致生活培养的纤细善感的心灵和文学技巧在宴乐之外各种场景中的反映与表现。

例如，李后主后期的词在很大程度上是往日富贵宴乐缺失的产物。习惯奢侈的李后主入宋之后，曾要求“加薪”。宋曾慥《类说》卷五二引《翰府名谈》记载：“江南李主……务长夜之饮，内（库）日给酒三石，艺祖敕不与酒，（或）奏曰：‘不然，何计使之度日？’遂复给之。”《宋史》卷四七八记载：“太平兴国二年，煜自言其贫，诏增给月俸，仍赐钱三百万。太宗尝幸崇文院观书，召煜及刘令铱纵观。谓煜曰：‘闻卿在江南好读书，此简策多卿旧物。归朝来颇读书否？’煜顿首谢。”

李后主原先宴乐生活中的元素——钱、酒、书，在入宋后都没有了。宫女各自流散，他挚爱的小周后也被宋太宗传到宫中陪侍。所谓亡国之痛，深哀大恨，正是产生于这些具体的基础之上。“雕栏玉砌应犹在”“一晌贪欢”“流水落花春去也”，一同化作“往事知多少”“故国不堪回首月明中”“天上人间”的绝望呼唤。有了这些词，我们才能超越李后主贪图享乐的不美好的一面，看到现象背后那颗纯挚的心灵。

又如，当陈后主的宴乐场景从宫廷转移到园林，具备艺术气质的审美心灵得到水光山色的新鲜滋养，就通过诗歌抒发了出来。

献岁立春光风具美泛舟玄圃各赋六韵

寒轻条已翠，春初未转禽。
野雪明岩曲，山花照迥林。
苔色随水溜，树影带风沈。
沙长见水落，歌遥觉浦深。
馀辉斜四户，流风飏八音。
既此留连席，道欣放旷心。

三洲歌

春江聊一望，细草遍长洲。

沙汀时起伏，画舸屡淹留。

春江的初春景物异常美好，陈后主的诗作捕捉了自然和心灵中最美丽的因子。这些诗，属于富贵故都，也属于美。

此外，江总诗中对自然、宗教、女性、自我的沉思，徐陵诗中描写的亮丽风景和追忆往昔的伤感，李璟处于国运盛衰转折点上的敏感忧郁，冯延巳的多情惆怅等，都是细腻而唯美的文学。

总的来说，富贵故都的生活为唯美文学提供了一个现实契机和基础，先有富贵，才有相对超脱。奢靡生活和唯美文学就是这样的例子。唯美文学的出现，使富贵故都现象拥有了审美意义。经济是可以美丽的，富贵故都的唯美文学传达了这一点。具体来说，这是由经济欲望引发的各色欲望，在特定的条件下，在富贵没落的气氛里，达到了审美的相对超脱境界，并且张扬弥漫开去。

狂欢的夜宴与唯美的文学

富贵故都的君臣生活，因为夜的狂欢而显得极端。它的表面凸显特征是欲望。在这里，黑夜引出欲望的放纵。华丽奢侈的场景满足了人类的财富欲望，美味佳肴满足了口腹之欲，酒满足了麻醉欲，女性满足了性的欲望，音乐歌舞满足了享受美的欲望，精致的器物满足了审美的欲望。放纵的宴乐生活，同时满足了人类追寻快乐和逃避痛苦的要求。文艺虽然会使物质丰盛后的审美相对超脱，但仍离不开欲望。

具体来说，欲望产生于人类物质层面的追求和满足，是人类生命中非常重要的一部分，是人类本能或后天追寻的原因，还是一切精神追求的基础。人类对欲望的追求有丑陋的一面，也会产生美的因素。虽然有的健康，有的病态，但都是生命力的释放。欲望升华为审美，比如宴乐中精致的器物，在满足感观愉悦之外，有艺术美的成分。有些欲望还会在现象的背后包含深刻的内涵，比如韩熙载的放荡就包含复杂的思想背景，所以有产生高层次审美的可能。在物质丰裕的情况下，也会出现相对精神层面的更高追求，以至达到超脱于物质的境界。这样，欲望才能转化为有意义的审美。

富贵故都的特点是富贵和末世的阴柔气息，使文艺的敏感和相对超脱容易成为可能，从而升华欲望，构成浓重的唯美特征。其审美的具体特质为表象华美性质、享乐文艺性质、内涵深刻性质、情绪感伤性质、精神唯美性质。其中唯美是最终取向。

当时贵族的享乐行为，从盘中餐到家具器物、服饰、园林，无一不具备华美性质，并在文学中直接体现出来。陈后主的“丽宇芳林对高阁”“新妆艳质”和“玉树流光”（《玉树后庭花》），展示了一个如梦如幻的华美世界。李后主的“红锦地衣随步皱”（《浣溪沙》），小周后的“手提金缕鞋”（《菩萨蛮》），诠释着富贵的丰盈。李后主的亡国后追忆中，总是有“玉楼瑶殿影”（《浪淘沙》），“雕栏玉砌”（《虞美人》），他那个不食人间烟火的理想梦境，实际上是以帝王身份获得的物质上的最大满足为基础的。此外，李璟词中含愁的雨中丁香，揭示了他高贵的身份。江总宅和相关诗中的幽静品位之高，必是建立在充足的物力之上。徐陵诗中的山斋是贵族和皇家园林，具备高雅的格调。冯延巳词中的庭院深深之境，也是富贵场所的风物。韩熙载算得上当朝贵族，否则，他的放浪情调哪来基础？徐铉又何尝不是？他有精力钻研《说文解字》并达到精深的地步，肯定是有物质做基础的。所以，或隐或显，物质的华美性质是这些美丽的基础元素。

在高层次的物质基础之上，宴乐往往不再是单纯的口腹之享，而是具有浓厚的文艺气氛。物质环境培养的末世君臣都是文化精英，他们的宴乐同时也是文会和舞乐表演，兴致上来自己也会参与表演。他们在文艺方面有造诣，各有所长。这些，直接促使富贵故都文学中的享乐描绘艺术化，而具有独特的美。

陈后主的“狎客”生活为人不齿，但含有很高程度的文艺内容。一曲《玉树后庭花》，超越具体情景，化为对享乐的精神化欣赏，其根基则在于情景本身的艺术化。李后主更是词中之帝，大小周后各有绝技，宫中皆是才艺突出的女子。“锦洞天”之类的境界，并非常人能设计出来。李璟周围文士很多，才会构成激烈党争。

李璟和文士相聚宴乐，也是历史上的风流逸事。《清异录》记载：“保大五年元日大雪，李主命太常以下展燕赋诗。令中人就私第赐李建勋继和。时建勋方会中书舍人徐铉、勤政殿学士张义方于溪亭，即时和进。乃召建勋、铉、义方同宴。夜艾方散。侍臣皆有诗咏。徐铉为前后序，仍集名手图画，书图尽一时之技。真容，高冲古主之，侍臣、法部丝竹，周文矩主之，楼阁宫殿，朱澄主之，雪竹寒林，董源主之，池沼、禽鱼，徐崇嗣主之，图成，皆绝笔也。”这是有关南唐历史叙述中最珍贵的文会风雅场面。在这里，高妙的诗、书、画成为主旋律，吃喝反而退后了。也正是在这样浓郁的风雅氛围中，李璟养成了雨中丁香的高贵风格。

陈代江总的《梅花落》等诗的内容，也是宴乐合一。江总诗歌风格的成熟丰富正是因为他有丰富的生活内容，并且这些内容足以陶冶他的情感，那么日常享乐的艺术化也就有了关键意义。

艺术家也面对美味佳肴，却完全不是酒囊饭袋。江总幽静和流丽交织的诗歌风格，应该说有很大部分来源于富贵故都生活内容的艺术化。徐陵在山斋中弹琴，“提琴就竹筱，酌酒劝梧桐”，多么诗情画意！他的数首有关山斋的诗均颇为雅致，其诗歌总体风格也基本如此。冯延巳沉浸于宴乐，更是醉翁之意不在酒，而是“高楼何处连宵宴，塞管吹幽怨”（《虞美人》），“酒罢歌余兴未阑”（《抛球乐》），“愁肠学尽丁香结”（《鹊踏枝》）。宴乐环境是他挥洒和吸收才学的地方，他的宴乐词因而具有浓厚的文人气质。韩熙载精通艺术，他的夜宴实际是欣赏乐舞，放荡其中，有效地释放了他内在桀骜不驯的才子气和不遇于时的激烈冲突，仅仅酒肉穿肠是达不到的。徐铉参与各色宴会，他诗歌的闲适情调以及相对宁静的心态，也和这些环境里的艺术熏陶分不开。

因此，夜宴表面上的内容是吃喝，实则是艺文。

从大处讲，南陈末和南唐末应该是属于夜的。君臣的宴乐典型时间，是在夜晚。属于夜的审美因而具有了深刻内涵。“一个人也只有在黑夜里才能理解自己的灵魂。”末世君臣的典型选择，为什么是“夜宴”呢？

夜属于享乐的时间段，是许多欲望集结的时刻。因此，审美才能成为欲望的集中体现，它充满欲望的张力。它将人的深层意识浮出表面。所以说，这种审美常常是相当深刻的。

顾闳中为什么会将代表时代的眼神赋予或许没有那么深刻的韩熙载？正是因为韩熙载沉浸于夜宴。陈后主的《玉树后庭花》在华美的表象背后，难道不是颓废忧郁的深刻情绪？李后主亡国后反思的正是南唐后期那种历史经典时刻的夜宴，因而他后期的词具备了普遍的深刻意义。李璟落寞的“雨中丁香”形象包含丰富的内涵。陈代江总不是一个简单的享受者，他享受着夜的内涵、宅院里的幽静、宗教的沉浸凄冷，追索歌舞背后的意义，最终成就了个体生命面对衰亡的享受态度，是不容易的。徐陵身处黑夜，却总是想拒绝黑夜，因为他更向往丽日的光环。南唐冯延巳虽然留恋夜宴，人们总说他有寄托，所谓寄托，便是在富贵故都里一颗敏感文人的心灵感受，并不深刻的冯延巳因为身处黑夜而显得深刻。徐铉的深刻则表现在他身处夜宴，心却游离于外，逃避了夜宴的欲望罪恶和恐惧感。这个姿态本身是深刻的，虽然他的诗表面只是些流连光景的文字。

和白日的明朗相较，夜属于忧郁。更何况所谓“最后的贵族”，命运本身就很伤感。再遇到酒，再欣赏音乐艺术，便不免愁怀万端。这就是为什么富贵故都君臣的文艺都带着或浓或淡的感伤色彩。

陈后主诗中写“妖姬脸似花含露”，其美丽是脆弱、病态的。陈后主的写景诗格调新鲜，却非常敏感，整体风格饱含伤感的气质。李后主后期的作品，因为是典型人物对典型的夜的追恋，具备了深刻普遍的伤感意义。李璟的伤感产生在“西风愁起绿波间”那一刻，是瞻前顾后的落寞。江总的七言艳情诗，像《梅花落》《宛转歌》《闺怨篇》，流丽的字里行间，对生命美丽的珍爱中融合着轻纱般动人的伤感和敏感的气息。徐陵的伤感属于对丽日的追忆。冯延巳文人天性，活得生气勃勃，词却感染着浓厚的伤感惆怅，这是文人对环境气息的敏感所致。韩熙载的伤感属于放荡的落寞，那是生命里不得抒发、不得满足的痛。徐铉身处夜宴，不得不伤感，这是有限的，更多的是对当前闲适生活和学问的流连。总之，这种感伤色彩，像一张大网，笼罩在富贵故都的宫殿和园林上空。

富贵故都审美的最终指向，是唯美。说物质方面的满足引发精神层面的追求，好像有点落入笼统的经济基础决定上层建筑的圈子，其实于富贵故都艺术的实际情况就是这样。末世的夜宴者，在物质层面获得了最大限度的满足。

至于像韩熙载闹钱荒，“所受月俸至，即散为妓女所有，而熙载不能制之，以为喜。而日不能给，遂敝衣屦，作瞽者，持独弦琴，俾舒雅执板挽之，随房歌鼓求丐以足日膳”（清王士珍、郑方坤《五代诗话》卷三），只不过是他胡闹罢了。在末世气氛的笼罩下，这种唯美显得有些病态。在那样的环境里，一个富贵文人无法实现政治和人生抱负，其选择就只能是耽于宴乐，从而沉迷艺文。当然，陶渊明很穷，也可以唯美。可是，历史上像这种心灵极超脱的情况，毕竟凤毛麟角。后世文人在左顾右盼之后，不约而同地走向白居易的朝隐之道，证明了经济基础对文人精神的重要和不可或缺。而唯美的艺术恰恰容易产生在奢靡的环境中。

其中，李后主是最唯美、最不食烟火的一个，所以国破对于他，意味着最残酷的命运。当所有的理想都残忍地破灭后，他依然唱出最挚情的挽歌，却不肯梦醒。李后主为艺术生，为艺术死，唯美的词是他的生存内容。

虞美人

春花秋月何时了，往事知多少。小楼昨夜又东风，故国不堪回首月明中。

雕栏玉砌应犹在，只是朱颜改。问君能有几多愁，恰似一江春水向东流。

陈后主唯美的一面，则在于没有那么多忧愁伤感，所以《玉树后庭花》是单纯的沉迷，纯粹的欣赏。江总则很会享受自我优越的小天地，心灵时常超脱。李璟书卷气非常浓，打不赢战争，虽然只存词四首，但高贵落寞的审美气质令人惊叹。冯延巳似乎总在惆怅地无病呻吟，呻吟出来的是词句。韩熙载丢掉所有的抱负和道德感，全身心地沉浸在放浪的艺文里，也是唯美精神的一个代表。徐铉全身心地去作《说文解字》，也是一种唯美的精神生活方式。如果说，陈后主君臣的唯美生活方式在当时的影响面还比较小，那么在南唐，唯美几乎形成整个上流社会的文雅风气。

唯美的特征具体体现在富贵故都的生活中，因为欲望张力的或强或弱，或集中或游离，或执着或超脱，亦呈现不同的典型姿态。沉迷（贪欢）的代表肯定是陈后主，超脱（死亡）非李后主莫属，落寞是李璟的高贵姿态，珍惜这个特质则属于江总。在末世气氛中，江总的姿态最优美，表现了对脆弱生命的感受最敏感、最珍惜，也最成熟。追怀（丽日）是徐陵的特点，惆怅属于冯延巳，而韩熙载是放纵的代表，徐铉是淡漠的典型。

富贵故都的审美，是唯美，也是奢靡。这是一种极端的经济生活现象和极端文学风格的碰撞。

第三章　沉迷和超脱的末世君臣

陈叔宝

后主讳叔宝，字元秀，小字黄奴，高宗嫡长子也。梁承圣二年十一月戊寅，生于江陵。明年，江陵陷，高宗迁关右，留后主于穰城。天嘉三年，归京师，立为安成王世子。天康元年，授宁远将军，置佐史。光大二年，为太子中庶子，寻迁侍中，余如故。太建元年正月甲午，立为皇太子。(《陈书·后主纪》)

陈后主陈叔宝在《与江总书悼陆瑜》中说："吾生平爱好，卿等所悉，自以学涉儒雅，不逮古人，钦贤慕士，是情尤笃……会意相得，自以为布衣之赏。"他很有自知之明。但他的文会，不是什么布衣之赏。正因为太子和皇帝的高贵身份，他才有条件、有精神投入玩赏和聚会中。

生深宫中，长妇人手，陈叔宝从青年时在玄圃文会游赏已成习惯。那时，陈高宗陈顼还有一番治国抱负，国事尚可，作为太子的陈叔宝，并未忧心过政治。陈叔宝继位后，外面隋朝的威胁日益加强，但江南的小朝廷内安稳无事。不是没有严重的民生疾苦，只是这些离陈后主可以很近，也可以很远。在亡国前，陈后主经历的唯一生死重大局面，是陈高宗薨时始兴王陈叔陵的叛乱。在整个短暂的叛乱过程中，陈后主被乳母、太后、兄弟、将军好好保护着，根本不需要亲自指挥应战。所以，在整个人生里，陈后主乐得清闲，自然随性，无拘无束。这也就解释了他面对良辰美景会由衷地歌颂太平，面对壮阔的风景也会有豪气，该深沉的时候他不仅变得凄凉沉静，而且感觉要超脱苦空，不只是不愿继续当皇帝，像《同江仆射游摄山栖霞寺》诗所说，"自悲堪出俗，讵是欲

历代帝王图之陈后主陈叔宝 | 唐 | 阎立本 | 美国波士顿美术馆藏

抽簪”。

安闲自在的陈后主继位后，对国事不像人们想象的那样不堪，他自然地在其位，谋其事。从他继位后的诏书来看，至少表面上，他当皇帝当得有模有样。即位时他有一系列有为的举措。处理了陈叔陵叛乱事件后，太建十四年（582），陈后主颁布了《课农诏》《求贤诏》《求言诏》《禁繁费诏》《发遣北边质任诏》等。至德元年（583），他颁布了《追封吴明彻诏》《追封程文季诏》《赠谥徐陵诏》等。至德二年（584），有《原除望订租调积逋诏》等。至德三年（585），有《改筑孔子庙诏》等。祯明二年（588），有《讯狱诏》等。

《陈书》的编者姚氏对陈后主的评价很宽容：“后主昔在储宫，早标令德，及南面继业，实允天人之望矣。至于礼乐刑政，咸遵故典，加以深弘六艺，广辟四门，是以待诏之徒，争趋金马，稽古之秀，云集石渠。且梯山航海，朝贡者往往岁至矣……斯亦运钟百六、鼎玉迁变，非唯人事不昌，盖天意然也。”认为陈后主作为国家领导人，德才兼备，政策清平，欣赏人才，说他在任期间，远方的小国每年还来朝贡。至于改朝换代，未必不是天意，也不是人力可完全定夺的。

姚氏对故国的君主存有一份尊重，但说得也有道理。南朝末中国趋向统一，北方的隋朝又那么强大，就算陈后主敏感地明白一切，又能如何呢？灾难还没来到眼前，习惯适意的陈后主，何不今朝有酒今朝醉呢？一句话，陈后主自然地做着当时他的位置局面下应做的事，没有刻意地执着或逃避。

魏徵在《陈书·后主纪》中，则对陈后主主体上极尽批判：

后主生深宫之中，长妇人之手，既属邦国殄瘁，不知稼穑艰难。初惧阽危，屡有哀矜之诏；后稍安集，复扇淫侈之风。宾礼诸公，唯寄情于文酒；昵近群小，皆委之以衡轴。谋谟所及，遂无骨鲠之臣；权要所在，莫匪侵渔之吏。政刑日紊，尸素盈朝，耽荒为长夜之饮，嬖宠同艳妻之孽。

值得注意的是，魏徵也承认陈后主初期有所作为。他把亡国归于陈后主荒淫误国，小人横行。

正因为陈后主明白全部的局势，或许当时所有人都明白这局势，他才干脆荒怠政事，去做喜欢的事。或许他的生活阅历不足以使他明白一切，那么，他做的仍旧是一个本色的陈后主。重要的是，在那个时候，南朝正统文化早就毁坏殆尽，陈后主祖辈也不是名门贵族出身，并不怎么强调道德家国的概念和品质。对陈后主而言，最自然的方式就是沉浸到他热爱的事物中，苟且偷生。

自在的另一面就是任性。作为深宫里长大的皇帝，陈后主的任性应该是可以想象的，他甚至不懂得珍惜人命，让人叹息他的愚昧。傅縡说了几句刚直偏激的话，他听着不入耳，就把傅縡赐死了（《陈书·傅縡传》）。还有放荡不羁的陈暄，在一起玩的时候玩笑开过了，他也把人弄死了（《南史·陈暄传》）。

但是，让今人好笑的事情有好几桩。第一件是隋文帝修书与陈通好，而陈后主“答之益骄”，惹得隋文帝动怒（《资治通鉴》卷一七六）。不知陈后主的骄傲从何而来。第二件是至德四年（586），陈后主作《幸玄武湖饯吴兴太守任惠》诗，写景豪壮，还声称“待我戎衣定，然送大风歌”。然后就是祯明三年（589）正月，马上要亡国了，陈后主写《闻隋军至下诏》：“朕当亲御六师，廓清八表。”史书中类似的记载不止一处。如《建康实录》卷二〇记载：“王气在此，齐兵三来，周人再至，皆并摧没。今虏虽来，必应自败。”《资治通鉴》卷一七六记载，“长江天堑，古以为限隔南北，今日虏军岂能飞度邪！边将欲作功劳，妄言事急”，“奏伎、纵酒、赋诗不辍”，令人感慨！

就算要亡国，陈后主大概也不明白天塌下来究竟有多可怕，因为在他的生命经验中，天没有塌过。反正是亡国之主，优美高尚是不可能的，也没有实际意义，与其战战兢兢，不如搞笑胡闹。

但是，战战兢兢的时候终于到了。隋军攻进来了，当日，陈后主刚从昏睡中醒来，见危险就在跟前，六神无主。怎么办？他要躲到井里去，还带着爱妃。大臣袁宪苦谏不成。于是，就有了陈后主和张贵妃、孔贵嫔被隋军用一根绳子捞上来的那一幕。在他，这是极自然的举动，不想永远成了历史的笑柄。嘲笑便嘲笑吧，他又怎管得了这么多？至于那两个爱妃是他带进井中，还是出于恐惧自愿跳下的，我们已无从知晓。

亡国之主终于离开了他的宫廷，渡江北上长安。陈后主自然而然地开始伤感，甚至恐惧。据说他写过两首诗。其一是《济江陵》："故乡一水隔，风烟两岸通。望极清波里，思尽白云中。"其二是《临终诗》："鼓声催命役，日光向西斜。黄泉无客主，今夜向谁家？"不管是真是伪，陈后主的姿态是惟妙惟肖的，他很可能会有这种表情。

到了隋朝，陈后主依然万事不忧心。他在《入隋侍宴应诏》一诗中，自然地祝颂隋文帝："太平无以报，愿上东封书。"《资治通鉴》卷一七七记载："帝给赐陈叔宝甚厚，数得引见，班同三品，每预宴，恐致伤心，为不奏吴音。后监守者奏言：'叔宝云，既无秩位，每预朝集，愿得一官号。'帝曰：'叔宝全无心肝！'"隋文帝仁寿四年（604），陈后主在长安以寿终。

其实，陈后主的种种表现，不过是华贵优游的东宫生活培养出的彻底的任情任性。他沉迷于艳情，耽于长夜之饮，他喜爱这种快乐，不管这是否荒淫。而当时面对亡国的威胁，陈后主虽无经验，威胁感终归还是有的。他的沉迷，是这种末世威胁下的自然心理反应。他青年时养成的艺术气质，在这里得到了很好的发挥。

陈后主的奢靡之风是水到渠成的。陈代诸帝的奢靡习惯，是一个循序渐进的过程。《陈书·世祖纪》记载:“维雕镂淫饰,非兵器及国容所须,金银珠玉,衣服杂玩,悉皆禁断。”陈世祖时,生活尚简朴。而《陈书·宣帝纪》记载,“(太建十年,宫室)颇事经营,去泰去甚,犹为劳费”,太建十一年(579),“至今贵里豪家,金铺玉舄”。这说明,陈宣帝时期的帝王君臣,就有些奢侈的倾向了。这个倾向到陈后主时已走向了极端。

一分为二地看,陈后主的文艺爱好也产生了良好的影响,那就是举朝尚文。《陈书·文学传序》记载:“后主嗣业,雅尚文词,傍求学艺,焕乎俱集。每臣下表疏及献上赋颂者,躬自省览,其有辞工,则神笔赏激,加其爵位,是以缙绅之徒,咸知自励矣。”刘师培云:“陈代开国之初,承梁季之乱,文学渐衰。然世祖以来,渐崇文学。后主在东宫,汲引文士,如恐不及。及践帝位,尤尚文章。”所以,张溥《汉魏六朝百三家集题辞注》说:“鹤不能亡国,而国君不可好鹤。”虽然国君不可好鹤,但国君其实是最有经济条件的好鹤者,难怪国君好鹤在历史中绝非个例,特别是在无所作为的情况下。

其实,虽然是欲望的放纵,焉知没有纯粹审美的因子呢?从文学的角度来讲,正是上述特殊的场景造就了陈后主特别的诗风。

江总

江总虽也属于中原大族出身,但并不像陈代的另一个大人物徐陵那样高贵,从少年时就活动在宫廷里。

《陈书》记载:“江总字总持,济阳考城人也,晋散骑常侍统之十世孙。五世祖湛,宋左光禄大夫、开府仪同三司,忠简公。祖蒨,梁光禄大夫,有名当代。父紑,本州迎主簿……总七岁而孤,依于外氏。”江总祖辈身份显赫，但父亲只是一个小官，而且江总七岁就成了孤儿，在岭南外婆家长大。江总的舅舅萧劢和九舅萧勃，是梁陈间声势颇大的南方割据势力。所以，少年的江总富贵，但不高贵。但是，江总一生四方流离，见多识广，历梁、陈二代乱亡，在陈后主朝又位极三公，官至尚书令，同时是陈后主的“狎客”，入隋后为上开府，“开皇十四年卒于江都，时年七十六”，做到了“贵而寿”。富贵无忧又阅历丰富的生活，养成了江总智慧通达的品质和享受人生的态度。

后人对江总的评价态度很丰富。明代张溥在《汉魏六朝百三家集题辞注》中说：“后主狎客，江总持居首，国亡主辱，竟逃明刑，开府隋朝，眉寿无恙，春秋恶佞人，有厚福若是者哉。”这代表了指责的声音。

其他更有用“诡”“佞”来谴责他。如隋王通《中说·事君篇》、明杨慎《升庵诗话·韩退之诗》等。张溥也承认江总不是奸臣，但不像对陈后主那么宽容，可能在他眼里，大臣的责任比皇帝更重。其实，特定境遇下的特定江总不会变，变化的是各自的评判标准。张溥的评价标准是传统道德，而江总远不是一个合格的正直的大臣。

特定的经济生活环境，决定了江总就是这个样子。江总的出身并不足够高贵，又自小孤单，依附他的舅舅——当时很有力量的割据势力。因此，江总并不会像徐陵那样，尽管生活在陈代，心中却总有梁代生活的理想国。江总是活在当下的。陈代传统文化价值观已经崩溃，忠孝节义都失去了意义。江总自小无父母教导，舅舅是岭南人，无法教他那些道德标准。江总是自学的。舅舅家有钱，也有丰富的书籍，《陈书》记载：“及长，笃学有辞采，家传赐书数千卷，总昼夜寻读，未尝辍手。”没有先生，江总就挑自己喜欢的书读，自然钟爱文学类书籍。这样的学习环境，决定了江总只会是一个典型的文人，而不是优秀的大臣。

江总身经乱世，梁末动乱时也算是奔波流离，之前之后的生活阅历都很丰富。因此，他不会像陈后主那么天真无知，他懂得生活和生命的一切真实，知道美好和不美好。

比如，他对着美丽的芳树，并不是沉浸，而是考虑很实际的问题：“暂欲寄根对沧海，大愿移华侧绮钱。井上桃虫谁可杂，庭中桂蠹岂见怜。”（《芳树》）美丽之物追求富贵，担忧伤害，情况很真实，也很实际。

还有《咏李》：“嘉树春风早，春风花落新。但见成蹊处，几得正冠人。当知露井侧，复与夭桃邻。”虽然桃李不言，下自成蹊，但是谁又能保那些不是坏心人呢？

江总对世界有真实的认识。在末世岁月里，他的诗中不乏人生的喟叹，都是对生命和命运的真实伤感：

平生复能几，语事必伤悲。（《摄官梁小庙》）
溘此哀时命，吁嗟世不容。（《入龙丘岩精舍》）
人生复能几，夜烛非长游。（《山庭春日》）
盛时不再得，光景驰如电。（《置酒高殿上》）

江总对自己的品质、才能、遭遇，也有很清晰的认识，他在《咏采甘露应诏》诗中说：“徒知恩礼洽，自怜名实爽。”在《哭鲁广达》诗中，他进一步表达：“黄泉虽抱恨，白日自留名。悲君感义死，不作负恩生。”沈德潜《古诗源》评论江总“不嫌自污，真情可悯”。

在乱世里过着富贵漂泊生活的江总，对人生的理解很智慧，所以他很通达。他享受并珍惜生命，在末世环境中能从容自适。《陈书》记载，在梁末，“及魏国通好，敕以总及徐陵摄官报聘，总以疾不行。侯景寇京都，诏以总权兼太常卿，守小庙。台城陷，总避难崎岖，累年至会稽郡，憩于龙华寺，乃制《修心赋》”。徐陵曾出使魏国，被羁留七八年，幸而最终脱身。江总则托病不去。由此可以看出江总和徐陵的区别，徐陵作为世族名门，一直生活在时代的浪尖儿上。江总后来回忆此事，自知惭愧，“畴曩行役，共上河梁。余因病免，君事远将”（《特晋光禄大夫徐陵墓志铭》）。侯景之乱时，江总躲在会稽龙华寺，“幸避地而高栖”，此时写的《修心赋》表达了他温厚和平的人生态度：“坚固之林可喻，寂灭之场暂如。异曲终而悲起，非木落而悲始。岂降志而辱身，不露才而扬己。钟风雨之如晦，倦鸡鸣之聒耳……”

江总的人缘儿特别好，喜欢他的人一直很多。江总小时候，舅舅对他就“特所钟爱”。十八岁时，江总预同梁武帝《述怀诗》，“帝览总诗，深降嗟赏”。江总年轻时就跟一帮老朋友做忘年友会。其中刘之遴在诗中说：“高谈意未穷，晤对赏无极。探急共遨游，休沐忘退食。”（《酬江总诗》）可见少年江总是多么被人喜欢。

看江总的诗文，发现他的交往圈非常广泛。比如《同庾信答林法师》《答王筠早朝守建阳门开》《经始兴广果寺题恺法师山房》《和衡阳殿下高楼看妓》《别永新侯》《在陈旦解醒共哭顾舍人》《别袁昌州》《奉和东宫经故妃旧殿》《遇长安使寄裴尚书》《和张记室源伤往》等诗，从题目就可以看出其中包括梁、陈、隋的种种人物。

江总与人的交往，很有人情味：

高谈无与慰，迟尔报华篇。（《赠洗马袁朗别》）

钟牙乃得性，语默岂同归。（《诒孔中丞奂》）

斗酒未为别，垂堂深自保。（《赠贺左丞萧舍人》）

其如江海泣，惆怅徒离忧。（《别南海宾化侯》）

文有《陶贞白先生集序》《梁故度支尚书陆君诔》《广州刺史欧阳頠墓志》《故侍中沈钦墓志》《为衡阳王让吴郡表》《为沈尚书君理让右仆射领吏部表》《特晋光禄大夫徐陵墓志铭》《司农陈暄墓志铭》《侍中中领军鲁广达墓铭》《吴兴郡庐陵王德政碑》《明庆寺尚禅师碑铭》《建初

寺琼法师碑》，甚至有《为陈六宫谢表》《为陈六宫谢章》。类似情况在当时其他人的诗文里是很少的，可见江总人缘多么好，多么受人欢迎。

江总习惯不卷进各种矛盾里，无论对世事和对自然，都常怀温厚和温柔的情愫。他大概对于朝代的变迁无可奈何，因为这是必须发生的，也未必是不好的事情。但他入隋后对江南故土怀着深情。

江总在《秋日游昆明池》诗中叹息“非复采莲歌”。晚年重回江南时，江总作《于长安归还扬州九月九日行薇山亭赋韵》和《南还寻草市宅》等，怀旧情绪还是很深的。江总最后还是卒于江都。

南还寻草市宅

红颜辞巩洛，白首入轘辕。

乘春行故里，徐步采芳荪。

径毁悲求仲，林残忆巨源。

见桐犹识井，看柳尚知门。

花落空难遍，莺啼静易諠。

无人访语默，何处叙寒温。

百年独如此，伤心岂复论。

江总会去追求凡俗的快乐，并获得精神的享受，比如关于艳情。在无可奈何的时代，既然不可以适当有所为，不妨快乐地去面对，并珍惜，这也就是江总在《梅花落》里表达的“落梅树下宜歌舞”。同时，这种以实际享受为基础的人生观，也使他乐于进入佛教的境界，脱离苦空，获得安慰。这时，他沉浸在生命的大悲痛和大超脱之中，仿佛超脱了凡尘的躯体，超脱了尘世间的无可奈何和肤浅的快乐。从其诗作中可见：

净心抱冰雪，暮齿逼桑榆。太息波川迅，悲哉人世拘。(《入摄山栖

霞寺》)

可否同一贯，生死亦一条。况期灭尽者，岂是俗中要。人道离群怆，冥期出世遥。(《营涅槃忏还途作》)

三空豁已悟，万有一何小。始从情所寄，冥期谅不少。(《游摄山栖霞寺》)

梵宇调心易，禅庭数息难。(《摄山栖霞寺山房夜坐简徐祭酒周尚书并同游群彦》)

简通避人物，偃息还山林。(《至德二年十一月十二日升德施山斋三宿决定罪福忏悔》)

绝俗俗无侣，修心心自斋。(《静卧栖霞寺房望徐祭酒》)

但是，享受实际生命的习惯也决定了他对宗教的浅尝辄止和不彻底性，即所谓“不能蔬菲，尚染尘劳”(《陈书·江总传》)。

是啊，只要生命的体验是大体快乐的，又何不高高兴兴呢？江总晚年和陈后主耽荒于酒，一方面是陪伴陈后主，另一方面是和他的观念并不冲突。陈后主对江总有种忘年的依恋，一方面是江总的文学才华令人叹服，而陈后主是极爱才的，这一点他多次表达过，已是共识。江总的才华于艳情诗和陈后主也是志趣相投。另一方面，陈后主喜爱和迷恋江总的丰富阅历和智慧。陈后主授江总尚书令，职位大概相当于宰相，策文写道：“惟尔道业标峻，宇量弘深，胜范清规，风流以为准的；辞宗学府，衣冠以为领袖。故能师长六官，具瞻允塞，明府八座，仪形载远，其端朝握揆，朕所望焉。”后面一句，显示了陈后主言谈举止惯常的幼稚，但前面那个长句子则是钦慕有加，再次显示了江总的人格魅力，具体说，是涵养和文采。虽然如此，江总也没有什么恶劣的举措，据《陈书·后主本纪》，隋军攻进都城那天他还陪侍在省中。所以，当时和后人都有理由原谅他的不称职。

江总深知末世难为，也有自知之明，知道自己实际上是不适合做高官至尚书令的，所以在反复上书中，表达诚惶诚恐，见《让尚书令表》《除尚书令谢台启》《除尚书令断表后启》等文。他在晚年的《自叙》中说：

历升清显，备位朝列，不邀世利，不涉权幸。尝抚躬仰天太息曰：庄青翟位至丞相，无迹可纪；赵元叔为上计吏，光乎列传。官陈以来，未尝逢迎一物，干预一事。悠悠风尘，流俗之士，颇致怨憎，荣枯宠辱，不以介意。太建之世，权移群小，谄嫉作威，屡被摧黜，奈何命也。后主昔在东朝，留意文艺，夙荷昭晋，恩纪契阔。嗣位之日，时寄谬隆，仪形天府，厘正庶绩，八法六典，无所不统。昔晋武帝策荀公曾曰“周之冢宰，今之尚书令也”，况复才未半古，尸素若兹。晋太尉陆玩云“以我为三公，知天下无人矣”。轩冕傥来之一物，岂是预要乎？

所谓“太建之世”的那段话，在《陈书》本传里有对应的记录：“以与太子为长夜之饮，养良娣陈氏为女，太子微行总舍，上怒免之。”现在推测，江总因为和陈后主要好而招致反对，在封建宫廷，没有哪一个人能够完全脱离矛盾斗争。江总无意地卷入，但并不深陷，一切任命，随其自然。他大概明白自己作为大臣的过失，所以在这里想开脱，表明他是淡泊温厚的，本来也知道自己不适合做三公，也就是顺其自然罢了。同时对自己的缺点也表示惭愧。他对自己自始至终都有很清醒的认识。所以，他的自叙，《陈书》本传中言“时人谓之实录”。

总之，生于乱世和末世的江总，在富贵和丰富阅历的培养下，养成了注重实际享受、温和宽裕、珍惜生命中的美丽这些人生特质，从而度过了智慧而通达的一生。

《陈书》本传后的史臣评论：“总笃行义，宽和温裕。好学，能属文，于五言七言尤善；然伤于浮艳，故为后主所爱幸。多有侧篇，好事者相传讽玩，于今不绝。后主之世，总当权宰，不持政务，但日与后主游宴后庭，共陈暄、孔范、王瑗等十馀人，当时谓之‘狎客’。由是国政日颓，纲纪不立，有言之者，辄以罪斥之，君臣昏乱，以至于灭。”这是盖棺论定，既肯定了江总的温厚，也比较宽容地批评了他的文学伤于浮艳，与陈后主游宴后庭，以致亡国等过失。

江总生前身后无意张扬，但其典型的人生特质和时代地位，还是使他成为一个被后人关注的历史人物。江总的人格魅力和他的好人缘，在后世仍有影响，但后世对他不乏恶评。

刘禹锡《金陵五题·江令宅》一诗说：“南朝词臣北朝客，归来唯见秦淮碧。”对江总的一生遭遇，很是伤感。李商隐一方面讽刺“满宫学士皆颜色，江令当年只费才”（《南朝》），另一方面又赞许杜牧“前身应是梁江总”（《赠司勋杜十三员外》），还是欣赏江总的才华。

最耐人寻味的是杜甫，这位一生忠于社稷的大诗人，在诗中频繁提及江总。如“江令锦袍鲜”（《秋日夔府咏怀奉寄郑监李宾客一百韵》），“莫看江总老，犹被赏时鱼”（《复愁》之十二），“远愧梁江总，还家尚黑头”（《晚行口号》），饱含仰慕之情。江总除了文采斐然，身上还有些杜甫缺乏的东西，比如超脱、享受和地位，这大概就是难言的性格互补。

有趣的是，他们一概只说“梁江总”。一方面，“梁江总”比“陈江总”读音更顺；另一方面，不说“陈江总”，恰好躲避了江总仿佛不光彩的那段岁月。最后，江总的传奇人生“进入”了传奇，那便是唐传奇《补江总白猿传》。

江总也是书法家，唐窦臮《述书赋》曰：“坡陁总持，独步方外。甘率性而众异，非接武于兴会。若时违隐沦，卒不冠带。”或许，书法中体现的独步方外、不浸染于世情、心迹隐沦的江总，那份难得的老成和淡漠，正是他最本质的面貌。

阅乎世事，出乎世事，处乎世事，最终造就了多面的江总。孔奂说

“江有潘、陆之华，而无园、绮之实”（《南史·孔奂传》），看来也是隔靴搔痒。

徐陵

徐陵有“觅富在荒年”语，但这话对他自己也许不是十分合适。据《陈书》本传，（徐陵）“无所营树，禄俸与亲族共之。太建中，食建昌邑，邑户送米至于水次，陵亲戚有贫匮者，皆令取之，数日便尽，陵家寻致乏绝。府僚怪而问其故。陵云：‘我有车牛衣裳可卖，馀家有可卖不？’其周给如此”。由此看来，他的生活不是十分奢侈，不像其他陈朝官僚。然而，他官至左光禄大夫、太子少傅，在陈朝，在历史上，都确实是一个在乱世里做到“贵而寿”（明王世贞《艺苑卮言》卷八）的典型。陈代是六朝之末，许多南朝长期积累的文化传统，包括世家大族的体面，都在梁末动乱中遭到毁灭性的破坏，徐陵便是当时残存而又活跃的世族典型。

徐陵在少年时就随同其父徐摛出入宫廷。《梁书·庾肩吾传》记载：“初，太宗在藩，雅好文章士。时肩吾与东海徐摛、吴郡陆杲、彭城刘遵、刘孝仪、仪弟孝威，同被赏接。及居东宫，又开文德省，置学士，肩吾子信、摛子陵、吴郡张长公、北地傅弘、东海鲍至等充其选。”《南史》本传记载，“梁简文在东宫撰《长春殿义记》，使陵为序”，“又令于少傅府述所制《庄子义》”。

徐陵在天嘉六年（565）写的《报尹义尚书》讲道：“击壤之年，唯欣尧俗，若耶之复，长保安卧。”梁代灭亡之前的生活，是日后徐陵心目中理想的日子，徐陵在入陈后所做的一切努力，几乎都是为了攀比青年时的生活。他想保持高贵，却又不得不为富贵摈弃高贵的原则。

徐陵由梁入陈，在陈代又身经数朝，人生中数易其主。梁元帝时，徐陵四十岁出头，受命出使北朝，被拘留七八年。当时南方正在战乱中，南朝文人在类似情形下几乎都不肯留在似乎应当作为正朔的中原，仿佛江南就是乡土和归依。同化的原因应该主要是温柔富贵的经济生活，徐陵也不例外。当然，他有一大家子人，这是具体情形。而温柔富贵是内心深处最强的动力，因为北方虽然政权强大，却荒凉得不知寒暑，不晓礼仪。这几年里，他坚持要求返回南方，这时写的《与齐尚书仆射杨遵彦书》是很著名的骈文。

返回南方之后，徐陵先跟随梁贞阳侯，为王僧辩所拒。后随王僧辩，再随陈武帝，在陈朝又经过世祖、废帝、高宗、后主数代。立场不断改变，在那个一团乱麻的时代是较为自然的事情。具体到徐陵本人，他的骈文典故罗列，气度不凡，应用性强，在经过梁末动乱摧毁后的末世很难得，是君主接受爱惜他的原因。但这毕竟有关一个人的品格，促使徐陵在品格上变通的原因，只能解释为“稻粱谋”。他的后半生都在追怀梁末动乱前高贵优雅的生活，这是他种种努力的原因。

徐陵不乏聪敏机智，《陈书》本传写他出生时母亲梦到五色云化为凤，小时候被称作“天上石麒麟”，“目有青睛”乃“聪明之相”等。人们的附会不管有没有依据，都证明了他的才华突出。尽管如此，末世的政坛虽然不像北方那样变化可怕，却也有动荡残酷。徐陵兢兢业业地走在道上，如履薄冰，他努力的目的就是保住饭碗，养家糊口。他可以忽视原则。比如在陈高祖薨后衣服吉凶之制的争执中，众朝臣争执不下，启请徐陵。徐陵开始说宜服吉服，众朝臣继续争执不下，再问徐陵：

陵重答云：“老病属纩，不能多说，古人争议，多成怨府，傅玄见尤于晋代，王商取陷于汉朝，谨自三缄，敬同高命。若万一不死，犹得展言，庶与朝贤更申扬搉。”（《陈书·刘师知传》）

结果徐陵从服缞之议。从记载看，这次争议，与其说是对“真理”的讨论，毋宁说是不同立场的朝臣对话语权的争夺。才华横溢的徐陵，此刻变得又病又老，没有力气说话。而他的态度，说出来的话，却让人折服，他地位高贵，正如他的希望。徐陵谨慎维持的是他的地位和可能情况下的中立，这是一个智慧的徐陵。

其实，在古代的朝廷中，面临变化多端的局势，站错队的情形是经常的，不管他是否智慧。关键是，徐陵终其一生，维持了仰赖生存的高贵地位，所谓慎始慎终。徐陵卒后，陈后主诏称陵“慎终有典，抑乃旧章，令德可甄，谅宜追远”，“弱龄学尚，登朝秀颖，业高名辈，文曰词宗。朕近岁承华，特相引狎，虽多卧疾，方期克壮，奄然殒逝，震悼于怀……谥曰‘章’”（《陈书·徐陵传》），可谓盖棺论定，得其所哉。他的四个儿子——俭、份、仪、僔，也都有较好的职位。

徐陵对朝事总体上是勤勉尽力的。在《陈书》本传中，徐陵在世祖朝奏弹安成王顼、答冒进求官者书，高宗朝让尚书仆射、北伐举人，都是作为生命中的精彩片段被描述。徐陵在《与顾记室书》中提到的写盲书告他的陈暄，虽然地位不低，但是个放荡公子，颇受物议，故基本不损徐陵之格。虽然不是十全十美，徐陵以他的才能和谨慎，小心地维持品格的坚守与变通之间、衣食父母与世族情结之间的平衡。魏徵在本传中对他评论是：“徐孝穆挺五行之秀，禀天地之灵，聪明特达，笼罩今古。及缔构兴王，遭逢泰运，位隆朝宰，献替谋猷，盖亮直存矣。”对其才华品德，称赞有加。这是多数后人心中的那个贵而寿的光彩的徐陵。

徐陵本有着高雅的世族情怀。青年时代的他曾经翩然周旋于梁朝宫廷文会，神采奕奕。梁末动乱时，他开始颠沛流离，先是滞留北方累年，南归后又数易其主，历尽沧桑。在陈朝，一方面国力已远不如梁代，另一方面世家大族的体面并不特别受尊重，又有各种官场矛盾必须周旋。他买的徐枢宅也不似从前的内园山斋那样精雅。相较而言，徐陵的后半生太不轻松。他充满失落，又不得不一直谨慎地追逐稻粱。这至少使晚年的徐陵对生活内容颇为厌倦。在这样的情形下，生命疲惫，早年熟稔的艳情也暴露出浅薄劳神的一面，无心沉溺。疲惫的徐陵大概很想让心灵有一方宁静的歇息寄托之所。他曾写《谏仁山深法师罢道书》，深羡脱离苦空：

窃闻出家闲旷，犹若虚空，在俗笼樊，比于牢狱，非但经有明文，亦自世间共见。瞥闻法师覆彼舟航，趣返缁衣之务，此为目下之英奇，非久长之深计。何以知然？从苦入乐，未知乐中之乐，从乐入苦，方知苦中之苦……假使眉如细柳，何足关怀；颊似红桃，讵能长久？同衾分枕，犹有长信之悲；坐卧忘时，不免秋胡之怨。洛川神女，尚复不惑东阿，世上班姬，何关君事？夫心者面焉，若论缱绻，则共气共心，一遇缠绵，则连宵厌起。

从语气推断，徐陵写此文时已经不年轻了。在徐陵眼里，出家是很悠闲的，世俗生活则是牢笼和苦海。他说出家有十种好处：第一，地位尊贵；第二，无繁杂生计；第三，有诗琴高雅情调；第四，不纳赋；第五，无世俗事务；第六，不至坠入爱河；第七，寺庙环境纯洁；第八，山间的自然环境清雅；第九，知过去未来之果报；第十，无须迎合人际关系。徐陵又特别说明，情爱之事不值得去关心，女子的美貌不长久，沉溺其中会招致女人怨妒，而且早上起不来，生活紊乱不规律。

《陈书·徐陵传》："少而崇信释教，经论多所精解。后主在东宫，令陵讲大品经，义学名僧，自远云集，每讲筵商较，四座莫能与抗。"

值得注意的是，徐陵对单纯的情色已从青年时期在宫廷中的耽溺，转而为厌倦，因为这已偏离了他的高雅情调。周旋在政坛和世俗之中，徐陵大概很累了。梁代的尊贵优雅的生活环境，却一去不复返。富贵温柔的理想国虽孜孜以求，却永远消失。而在寺庙里，似乎还存留着徐陵希冀的高雅、悠闲、纯洁。一句话，既高贵又不必为稻粱谋，诗琴随性，这样的日子，徐陵羡慕，却不可能抽身投入了。

晚年的徐陵，希望什么呢？他和智𫖮大师交往频繁，有数封书信，其中《五愿上智者禅师书》透露了他的心愿：

陵和南，弟子思出樊笼，无由羽化，既善根微弱，冀愿力庄严。一愿临终正念成就，二愿不更地狱三途，三愿即还人中不高不下处托生，四愿童真出家如法奉戒，五愿不堕流俗之僧。凭此誓心，以策西暮，今书丹款，仰乞证明。

他希望来生为僧徒，而且地位不高不低。看起来似乎超脱了，其实正表示了徐陵一生追逐稻粱的疲累和失落。他决定永远离开富贵温柔的绮梦。同时，这样希冀超脱，也是江南文人典型的温柔地幻灭，软弱地背弃。真乃“御史旧榻，零落不存，太傅斋室，荒茫无处”（《与王吴郡僧智书》）。

徐陵在至德元年（583）去世，赶在了陈亡之前。江总作《特晋光禄大夫徐陵墓志铭》：“耕耘书圃，弋猎文场。藻思绮合，尺牍绣扬。辞奔太史，笔利干将。心缄武库，口定雌黄……痛心期之徂谢，悯时代之销亡。冀镌石于玄冢，留清风于故乡。”前半段叙述徐陵一生形迹，颇为神采奕奕；后半段表示追怀之情。两个不同风格的大文人，遭遇在同一末世，文人相重，令人向往。

后人评徐陵书法曰：“孝穆鄙重，刚毅任拙。犹偏裨武夫，胆勇智怯。”（唐张彦远《法书要录》卷五）这大概是徐陵的内心弱点，胆勇智怯，在书法中流露得真切。

李璟

南唐中主李璟，字伯玉，本名景通，改名瑶，后名璟，交泰初避周讳，又改璟为景。在位十九年卒。葬顺陵，庙号元宗。

李璟处于南唐由盛而衰的转折点。江南特征积淀和早年生活环境造就他翩翩的儒生气质，他也以这种文人气质，敏感地经历了衰落之痛。李璟作为南唐先主李昪的长子，早年接受过政治方面的培养。然而，即位之前他跟身边的文臣度过游戏艺文之中的“文士生涯”，似乎对他的生命影响更大。即位后，他没有安守成业，而是向北方兴师，但指挥不力，用人不当，招致惨败，无奈迁都，最后在悔恨抑郁中死去。

南唐先主李昪是北方流浪儿出身，徐州人（《新五代史》卷六二）。李昪当政之后就开始重视文治，到他的儿子李璟，居然成了典型的江南富贵温柔环境中熏陶出来的儒雅文士。这是金陵对北方气质同化作用之一例。

作为文士的李璟，风神秀朗，宛若天仙。他“音容闲雅，眉目若画”（宋龙衮《江南野史》卷二），“神采精粹，词旨清畅，临朝之际，曲尽姿致。湖南尝遣廖法正将聘，既还，语人曰，汝未识东朝官家，其为人粹若琢玉，南岳真君恐未如也”（《钓矶立谈》），这些阴柔美的特质，似乎隐现其子李后主的风采。

李璟擅长文艺，“多才艺，好读书，便骑善射”（陆游《南唐书》卷二），“时时作为歌诗，皆出入风骚，士子传以为玩，服其新丽”（《钓矶立谈》）。其歌诗已有新丽的特点，至于善骑射，属于点缀风雅的性质。

李璟的举止也很有谦谦风度，无帝王的傲慢。

每接臣下，恭慎威仪，动循礼法，虽布素僚友无以加也。夏日御小殿，欲道服见诸学士，必先遣中使数四宣谕，或诉以“小苦巾裹，不及

冠褐，可乎”。常目宋齐丘为子嵩，李建勋为史馆，皆不之名也。君臣之间，待遇之礼，率类于此。（《南唐近事》卷一）

他喜欢道服的闲适风格，却又担心休闲服饰不宜会客，故先向臣下说明方可接见，相见亦不直呼其名。这种行为比文士还文士。

李璟心思细腻。晚年战争失败后，被迫自金陵迁都洪州，心情郁郁。

南都迫隘，群下皆思归。国主亦悔迁，北望金陵，郁郁不乐。澄心堂承旨秦承裕常引屏风障之。复议东迁，未及行，国主寝疾，不复进膳，惟啜蔗浆，嗅藕华。（陆游《南唐书》卷二）

李璟感情纤细如此，旁人只能用屏风来挡住他北望的目光，以阻愁绪；他平日无心进膳，靠闻莲花的香气维持虚弱的生命。御制诗曰：“灵槎思浩渺，老鹤忆崆峒。”（《江表志》卷二）诗句有道家追求自由的气息，也许是在倾诉当皇帝而没能实现像文士那样隐居的心愿。

李璟平日生活还算简朴，“居处服御，节俭得中……常患民间侈靡，第宅衣服咸为节制”（马令《南唐书》卷四）。然而，李璟的日常生活还是有奢侈倾向的，对宫廷生活有时也很耽溺，尽管他经常自省。

元宗嗣位之初，春秋鼎盛，留心内宠，宴私击鞠，略无虚日。常乘醉命乐工杨花飞奏《水调词》进酒，花飞唯歌“南朝天子好风流”一句，如是者数四。上既悟，覆杯大怿，厚赐金帛，以旌敢言。上曰：“使孙、陈二主得此一句，固不当有衔璧之辱也。”翌日，罢诸欢宴，留心庶事，图闽吊楚。几致治平。（《南唐近事》卷二）

这是在南唐国力最盛时的事情。而在战争失败、对北方割地称臣、被迫迁都的时候，场面也很讲究。“舟车之盛，旌旗络绎，凡数千里，有司仪卫洎禁校帑藏不绝者。”（《江表志》卷二）李璟临终前的日子，更是沉浸艺文之中。醉生梦死，醒也只能半醒，若果真大彻大悟，世事的悲凉会让人痛彻心扉。所以末世君臣普遍沉迷，是个可以解释的现象。

李璟早年曾在庐山读书堂度过，继位之后，在原址立开先禅院。“璟天姿高迈，始出阁，即就庐山瀑布前构书斋，为他日闲适之计。及迫于绍袭，遂舍为开先精舍。”（《玉壶清话》卷一〇）他同时嘱伴臣冯延巳为此写了《开先禅院碑记》。

李璟和文士的相聚宴乐，也成为历史风流。徐铉《御制杂说序》：“其或万几暇豫，禁籞宴居。接对侍臣，宵分乃罢。讨论坟典，昧旦而兴。口无择言，手不释卷。”《十国春秋》也记载：“保大五年（947）元日大雪，李主命太弟以下展宴赋诗……夜艾方散。侍臣皆有诗咏……仍集名手图画……图成皆绝笔也。”这是南唐历史叙述中最珍贵的文会风雅场面。高手云集，诗画合一，君臣共欢，点缀着短暂的盛世。

迁都中途，经过庐山，李璟仍要风雅，“与从臣游于山中寺观，遍览胜景，赋诗谈宴”（宋龙衮《江南野史》卷二），重温文人雅士的生活情调。

李璟初不欲当皇帝，辞让再三，才登帝位，“既当储副之地，而固让再三，谦虚下士，常若弗及。烈祖殂，授顾命，犹让诸弟，辞益坚”（马令《南唐书》卷二）。他即位之后，“仍于父柩前设盟约，兄弟相继”（《旧五代史》卷一三四）。这个做法有比较复杂的背景，包括先主对他能力的怀疑等，但举动本身已经足够独特了。而谦谦君子到如此程度，恐怕也只有江南的朝廷才会出现。王夫之《读通鉴论》说：“（李璟父子）无殃兆民，绝彝伦淫虐之巨慝……生聚完，文教兴，犹然彼都人士之余风也。”这是比较有代表性的赞赏之辞。

李璟即位初，谨遵先主的遗命，“改元保大，盖有止戈之旨，三四年间，皆以为守文之良主”(《钓矶立谈》)，“宾礼大臣，敦睦九族。每闻臣民不获其所者，辄咨嗟伤悯，形于颜色，随加救疗……驱惰游之人，率归农业”（马令《南唐书》卷四）。由此可见，这是个关心民生又谦和文雅的好皇帝。

但是，南唐国力渐渐强大，李璟还是起了平定中原的念头。想法产生的近因，是周围一帮文臣的怂恿，“新进后生用事，争以事业自许，以为荡定天下，可以指日而就”(《钓矶立谈》)。于是李璟“谓诸国指挥可定”(《资治通鉴》卷二九〇)，发动了一系列东征西讨的战争。

李璟身为江南朝廷之主，受环境的熏染，阴柔软弱，这和北方金戈铁马环境造就英雄是个对比，所以即便有心发动战争，也会被北方打败。这方面，陈高宗是一个先例。

具体来看，李璟的文人气质、软弱倾向，都不利于他做一个领导者。他几乎是凭着一时意气出兵征战，而实则根本不懂战争。同时，他自己缺乏主心骨，一任近臣左右。《江表志》卷二记载了大臣李建勋所说，“今主上宽仁广大之度比于先帝远矣。但质性未定，左右献替须得正方之士。若于目前所睹，终恐不守旧业”，宽大，然质性未定，可谓识言。

李璟即位不久，就做了一件很幼稚的事情，那就是要丢开政事。尽管这是出于兄弟相让的初衷，但还是造成了奸臣专政的恶劣后果。好在他很快就及时改正。

唐主决欲传位于齐、燕二王。翰林学士冯延巳等因之欲隔绝中外以擅权。辛巳，敕：“齐王景遂参决庶政，百官惟枢密副使魏岑、查文徽得白事，馀非召对不得见。”国人大骇。给事中萧俨上疏极论，不报。侍卫都虞候贾崇叩阁求见，曰：……因涕泗呜咽。唐主感悟，遽收前敕。(《资治通鉴》卷二八三）

李璟不擅治国，注定了他的政治失败。当时是南唐朝廷党争极为激烈的阶段。李璟身边的文臣不擅政事，却彼此争斗，甚或有些奸臣。“景以冯延巳、常梦锡为翰林学士，冯延鲁为中书舍人，陈觉为枢密使，魏岑、查文徽为副使。梦锡直宣政殿，专掌密命，而延巳等皆以邪佞用事，吴人谓之‘五鬼’。”（《新五代史》卷六二）“五鬼”之说，或是党争攻讦之辞，但当时朝廷内部争争扰扰的混乱情况，是很明显的。

李璟在战争过程中表现得犹疑不决，这时候，近臣就会给他煽风点火，“冯延巳等为言：‘兵业行，不可止’”，于是他又继续投入征战。同时，大臣有侵犯百姓利益的事情发生。“楚地新定，其府库空虚，宰相冯延巳以克楚为功，不欲取费于国，乃重敛其民以给军。”（《新五代史》卷六二）“唐悉收湖南金帛、珍玩、仓粟乃至舟舰、亭馆、花果之美者，皆徙于金陵……唐主谓冯延巳、孙晟曰：‘楚人求息肩于我，我未有抚其疮痍，而虐用其力，非所以副来苏之望。’”（《资治通鉴》卷二九〇）

在这样的文臣配合下，李璟最终战败。之后，他数次向周世宗乞降，最后尽失江北之地，“乞画江为界，仍岁贡地征数十万”（《旧五代史》卷一三四）。最终，他失去了帝位，南唐成为北方附属国。“下令去帝号称国主……凡帝者仪制皆从贬损”（陆游《南唐书》卷二）。同时，战争也拖垮了南唐的经济，“未及十年，国用耗半”（《钓矶立谈》）。

面对残酷的现实，李璟如梦初醒。“或曰：‘愿陛下十数年勿复用兵。’元宗曰：‘兵可终身不用，何十数年之有。’”这是对战争的沉痛深刻反思，可谓更阑酒醒。他叹息，“孤不能因其危运，命将兴师，抗衡中国，恢复高大之土宇，而乃劳师于海隅。孤实先代之罪人也”（宋龙衮《江南野史》卷二）。软弱的哀叹再一次体现他的书生气质。但历史不会因为美好初衷与善良、爱民等优秀品质，就否认他的政治无能和失败。

南唐的黑夜降临了。李璟被迫迁都洪州，“所过郡邑慰劳守宰，存问高年疾苦”（《江南野史》卷二），谦谦风度自始至终。

对李璟的征讨行为，历史上有恶评。

唐主自即位以来，未尝亲祠郊庙，礼官以为请。唐主曰："俟天下一家，然后告谢。"及一举取楚，谓诸国指挥可定。魏岑侍宴言："臣少游元城，乐其风土，俟陛下定中原，乞魏博节度使。"唐主许之，岑趋下拜谢。其主骄臣佞如此。(《资治通鉴》卷二九〇)

在李璟，征战出于一时豪情，可是历史是无情的。作为一个不称职的国君和战争指挥者，他必然要承担批判，而对这些，他事先是没有准备的。

史评中还有另一种声音：

唐有江淮，比同时割据诸国，地大力强，人材众多，且据长江之险，隐然大邦也。若用得其人，乘闽、楚昏乱，一举而平之，然后东取吴越，南下五岭，成南北之势，中原虽欲睥睨，岂易动哉！（陆游《南唐书》卷二）

这一观点主要从南唐当时国力强盛考虑，认为李璟的战争是有成功可能的。陆游这样评论，大概和他痛恨南宋不北伐有关。只是，他在揭示通常情况下的胜败规律时，忽略了江南的特点，甚至李璟本人的江南特点。

李后主

南唐后主李煜，字重光，初名从嘉，号钟隐，又有钟山隐士、钟峰隐居、钟峰隐者、钟峰白莲居士、莲峰居士等称呼。

李后主虽为亡国之君，却擅长填词，喜爱文艺。史传李后主面相极佳，“姿貌绝美”（宋曾慥《类说》五二引刘斧《翰府名谈》），“广颡丰颊骈齿，一目重瞳子”（陆游《南唐书》卷三），“广颡隆准，风神洒落，居然有尘外意”（《钓矶立谈》）。也许，这样的人物生于皇家本就是个错误。

煜，景之次子，本名从嘉，嗣伪位，乃更今名。有辞藻，善笔札，颇亦有惠性，而尚奢侈。尝于宫中以销金红罗幕其壁，以白银钉、玳瑁而押之；又以绿钿刷隔眼，糊以红罗，种梅花于其外；又于花间设彩画小木亭子，才容二座。煜与爱姬周氏对酌于其中。如是数处。每七夕延巧，必命红白罗百匹以为月宫天河之状，一夕而罢，乃散之。（《五国故事》卷上）

由此可见，李后主是一位艺术品位很高的国主，“生于深宫之中，长于妇人之手”的宫廷生活，造就了他的唯美倾向，也决定了他人生的幸福和不幸。

耽溺在富贵宫廷里的李后主，在自己的小朝廷里生活，是了无遗憾的。这种局面使他有可能在精神上超脱物质。宫廷环境的精致华美、艺术氛围，风景的温柔细腻和情景交融境界的生成，使李后主的宫廷享受不仅仅在于荒淫情色，而且具有不食人间烟火的唯美和理想主义倾向。

李后主爱好并通晓艺文。《江南野史》卷三记载：“后主自少俊迈，喜肄儒学，工诗，能属文，晓悟音律。姿仪风雅，举止行措，宛若士人。”这类记载已经刻画出那个超逸绝伦的国君。这一倾向始于少年时，据说具体原因是躲避从政。“母兄冀为太子，性严忌。后主独以典籍自娱，未尝干预时政。”（《江南别录》）

李后主深深地沉浸于文艺之美。这不仅表现在对宫廷生活安排的种

李后主李煜画像

种艺术化细节，还表现在他的多才多艺。他不仅擅文学，还写《书述》《书评》《续〈破阵子〉》，创书体“金错刀”和“撮襟书”，后者以衣袖做笔，精致异常。他曾作《念家山破》《恨来迟破》《邀醉舞》等曲。

南唐后主精于音律，凡度曲莫非奇绝。开宝中，国将除，自撰《念家山》一曲，既而广《念家山破》，其谶可知也。宫中民间日夜奏之，未及两月，传满江南。（宋邵思《雁门野谈》）

他的大小周后也擅长文艺。特别是大周后擅琵琶，又重编《霓裳羽衣曲》。艺术是李后主的理想国之一。他用拥香倚翠和抱笔凝书甚至是金樽醉酒来逃避严酷的现实，做着他从小就一心向往的那个已经虚无缥缈的文艺梦。

爱情是第二个理想国。李后主和大小周后的爱情故事，在古代，特别是帝王生活里，是极少见的。它不同于单纯的艳情，而是有一定深度的专情的爱。李后主和大周后琴瑟和鸣十余年，真心地爱恋和交融。虽然最后小周后的闯入给这段感情带来了瑕疵，但它依然是光辉的。大周后去世后，李后主作多篇悼念诗文，挚情流露，世所罕有。和小周后的爱情则饱含更多浪漫，夫唱妇随，直至国亡。他为爱情涂抹了很多理想色彩，其纯粹性甚而超越寻常的男欢女爱。关于李后主爱后，今人释曰：“在当时，国运日蹙，李煜有为君无策的难言苦衷，只得寄情于爱后。”（郑学檬《五代十国史研究》）

李煜的这些特点，构成了他风流帝王的形象，其中不排除有淫乐之嫌这一面，但应公正地承认，他所追求的是有较高文化价值的艺术生活。因此，要把他政治上的无能和艺术上的成就区别开来；同时也要分清，他的物质文化生活既有奢侈庸俗的一面，也有追求当时经济发展水平所能达到的文化价值的一面。他所代表的文化意识，是当时一部分统治阶级所崇尚的。

其实男欢女爱，李后主爱后本不需解释。只是中国传统社会趋向压抑，因而显出这种爱情的难得罢了。而爱情生活在国家衰亡的时候给予了李后主更多的精神慰藉。我们更应该看到的是，他所追求的是有较高文化价值的精神生活，这是当时经济发展水平所造就的。

家国是李后主的第三个理想国。

李后主是中主的第六个儿子，自小无意王位。不想“自太子冀已上，五子皆早卒”（《新五代史》卷六二）。于是，他先被封为吴王。建隆二年（961），李璟迁南都时，立为太子留监国。李璟卒后，嗣立于金陵。李后主致孝尽礼，“居丧哀毁，几不胜，赦境内”（陆游《南唐书》卷三），并执意恢复中主帝号，归葬金陵，其情纯挚感人。五代甚至南唐都不是儒家传统道德兴盛的时代，但是，我们在李后主身上可以看到很明显的传统烙印。大概这种家国观念是李后主追寻道德完美的一种表现吧。

作为国君，李后主亦以纯善之心仁爱兄弟。史载，其弟从善曾留意王位，李后主对此毫无计较。“后主素友爱，略不以介意。愈加辑睦，进封韩王。”（陆游《南唐书》卷三）之后从善出使宋朝，被宋太祖扣为人质，“煜手疏求从善还国，太祖皇帝不许”（《新五代史》卷六二）。而“后主愈悲思，每凭高北望，泣下沾襟，左右不敢仰视”（陆游《南唐书》卷一六），并作《却登高文》，内有“怆家艰之如燬，萦离绪之郁陶。陟彼冈兮企予足，望复关兮睇予目”之句。此后，他又写《谢新恩》等词怀念从善。

李后主亦仁善爱民，“宪司章疏有绳纠过讦，皆寝不下。论决死刑，多从末减，有司固争，乃得少正，犹垂泣而后许之”（陆游《南唐书》卷三）。他曾将为国之道行之文字，据《钓矶立谈》：“尝一日叹曰：‘周公仲尼，忽去人远。吾道芜塞，其谁与明？’乃著为杂说数千言。曰：‘特垂此空文，庶几百世之下有以知吾心耳。’”俨然以仲尼知音自居。

李后主谆谆教导其弟：

噫，俗无犷顺，爱之则归怀；吏无贞污，化之可彼此。刑唯政本，不可以不穷不亲；政乃民中，不可以不清不正。执至公而御下，则悭佞自除；察薰莸之禀心，则妍媸何惑？武惟时习，知五材之难忘；学以润身，虽三馀而忍舍。无酣觞而败度，无荒乐以荡神，此言勉从，庶几寡悔。（《送邓王二十六弟牧宣城序》）

这番话明显显示出政治“桃花源”的倾向。他的家国意识无疑是很重的，也许这在中国古代历史的中期，一个礼仪之邦的国主，应该不奇怪。只是，在李后主这里，因由了他的宫廷环境，家国意识幻化成纯洁美好的理想。

是时南唐国势已弱，李后主即位时，“因登楼建金鸡以肆赦。太祖闻之大怒，因问其进奏使眭昭符。符素辩给，上颇怜之。是日对曰：‘此非金鸡，乃怪鸟耳。’上大笑，因而不问。”（宋佚名《五国故事》卷上）局势可怜如此。

在那样的局面下，李后主仍然执意要维持他的“四十年来家国”。宋太祖多次引诱他归降，他虽知回天无力，却不肯。“召李煜入朝，复命作礼贤宅于州南，略与昶等尝亲幸视役，以煜江南嘉山水，令大作园池，导惠民河水注之。会煜称疾，钱俶先请觐，即以赐俶。”（宋叶梦得《石林燕语》卷一）这样的暗示和拒绝发生过多次，并且表示：“臣事大朝，冀全宗祀。不意如是，今有死而已。”（陆游《南唐书》卷三）赵宋攻南唐时，犹自“完葺城垒，教习战棹，为自固之计”（宋王应麟《玉海》）。

在宋军围城之时，李后主仍然不愿轻易投降，并且自欺欺人。

先帝弃代，冢嫡不天，越升非次，诚非本心。自割江以来，亡形已见，屈身以奉中朝，唯恐获罪。尝思脱屣，顾无计耳。竟烦大讨，蹙迫如是，孤亦安能惜一日之辱。正以城围淹时，旅拒既久，暴输降款，将不见纳。是以欲起上江征戍，共相影荅，然后投诚请命，于是亦或为允。(《钓矶立谈》)

当时南唐保存有很多珍贵文献，国亡之时，李后主决定让这些心爱的文献与国俱灭。“元宗、后主皆妙于笔札，好求古迹，宫中图籍万卷，钟、王墨迹尤多。城将陷，谓所幸保仪黄氏曰：‘此皆吾宝惜，城若不守，尔可焚之，无使散逸。’及城陷，黄氏皆焚。时乙亥岁十一月也。”（宋陈彭年《江南别录》）李后主曾作《题金楼子后》诗并序：

梁元帝谓：王仲宣昔在荆州，著书数十篇。荆州坏，尽焚其书，今在者一篇，知名之士咸重之，见虎一毛，不知其斑。后西魏破江陵，帝亦尽焚其书，曰：文武之道，今夜尽矣。何荆州坏焚书二语，先后一辙也。诗以慨之：“牙签万轴裹红绡，王粲书同付火烧。不是祖龙留面目，遗篇那得到今朝。”

“牙签万轴裹红绡”，这是怎样的精美啊！历史上有名的文献悲剧，仿佛是重复，竟都出自痴迷者的一往情深。这是一个多么挚情而天真的国主啊！

李后主的第四个理想国是佛教。“后主奉竺乾之教，多不茹荤，尝买禽鱼为放生。”（《江表志》卷三）“命境内崇修佛寺，又于禁中广署僧尼精舍。”（马令《南唐书》卷五）

李后主非常关心僧人，细心关怀至僧徒厕简，“亲削僧徒厕简，试之以颊，少有芒刺，则加以修治”（《十国春秋》卷三三），又“与后顶僧伽帽，衣袈裟，诵佛经，拜跪顿颡，至为瘤赘”（马令《南唐书》卷五），其虔诚慈悲若此。

可叹的是，在亡国之前，李后主不仅借佛教以安慰，而且几乎把家国生存的希望全部寄托在佛教信仰上。在宋军围城时，“长围既合，内外隔绝，城中之人，惶怖无死所，后主方幸净居室，听沙门德明、云真、义伦、崇节讲《楞严圆觉经》”（陆游《南唐书》卷三）。当年陈后主在亡国时只知道尽情唱“玉树后庭花”，高贵脱俗的李后主，和他的皇后虔诚念佛，幻想以此保卫家国。今天回头望去，不禁令人无限感慨。

关于李后主对佛教的痴迷，今人评论说“似由迭构国忧家难，故发逃世之思，虽迹同梁武，初心殆有殊也”，又说“后主奉佛，宋人记载，颇多过辞”，这种解释也能在李后主的诗里找到对应。

赖问空门知气味，不然烦恼万涂侵。（《病中书事》）

前缘竟何似，谁与问空王。（《病中感怀》）

暂约彭涓安朽质，终期宗远问无生。谁能役役尘中累，贪合鱼龙构强名。（《病起题山舍壁》）

背世返能厌俗态，偶缘犹未忘多情。（《九月十日偶书》）

需要补充的是，在寻求精神庇佑的同时，李后主同时沉浸于佛教境界的那种美感中，获得艺术超脱。比如上引诗句的最末一例，颇能说明这点。

李后主是生存在梦一样的完美中的。他对身边面临的现实，总是抱着幼稚的理解，简直可以说不通世故。宋太祖说：“盖王者之兴，天下必归于一统。其可来者来之，不可者伐之；僭伪假窃，期于扫荡一平而后已。”（《新五代史》卷六二）也就是说，“卧榻之侧，岂容他人鼾睡”（宋王偁《东都事略》卷二三），但是，李后主不懂，他只是小心而卑微地侍奉大国，冀求家国平安。

李后主即位之时，即上表宋太祖做保证："惟坚臣节，上奉天朝。"（《即位上宋太祖表》）从此，他殷勤地侍奉宋朝。"每闻朝廷出师克捷及嘉庆之事，必遣使犒师修贡。其大庆，即更以买宴为名，别奉珍玩为献。吉凶大礼，皆别修贡助。"（《宋史》卷四七八）他还贬损朝制，去殿阙鸱吻，去唐国号，"改印文为'江南国主印'，赐诏乞呼名"（清徐乾学《资治通鉴后编》卷六）。面对亡国的局面，李后主步步退后，表现得十分软弱无能。

他的无能一面，在对宋关系中无疑非常突出。

先是国主以银五万两遗宰相赵普，普告于帝，帝曰："此不可不受，但以书答谢，少赂其使者可也。"普叩头辞让，帝曰："大国之体，不可自为削弱，当使之勿测。"及从善入觐，常赐外，密赉白金如遗普之数。江南君臣闻之，皆震骇，服帝伟度。（清徐乾学《续资治通鉴》卷六）

李后主由国力渺小导致"人格渺小"，无须惊叹。但是，宋太祖处理政事精明，是李后主无论如何不能相比的。

李后主对朝政的确不精通。他想尊敬老臣和新贵，但毫无心机。朝政被近臣把持，他不知也无法控制，以致出现"澄心堂旨"现象。"置澄心堂于内苑，引能文士，及徐元机、元榆、元枢兄弟居其间，中旨由之而出，中书、密院乃同散地。"（陆游《南唐书》卷三）

李后主亲自讯狱，尝试改革，复井田制，都不成功。最严重的错误，是在国势日艰的时候，一年内竟冤杀了潘祐、李平、林仁肇三位大臣，造成严重后果。"（陈）乔叹曰：'国势如此，而杀忠臣，吾不知所税驾也！'"（陆游《南唐书》卷一四）

亡国前夕，李后主对政治形势缺乏合理认识。宋军攻南唐时，他天真地求助于吴越和契丹，致吴越王书："今日无我，明日岂有君？一旦明天子易地赏功，王亦大梁一布衣耳。"（陆游《南唐书》卷三）吴越王却表其书于北宋。

长围既合，李后主依然糊里糊涂，"群臣皆知国亡在旦暮，而张洎犹谓北师已老，将自遁去。后主益甘其言，晏然自安，命户部员外郎伍乔于围城中放进士孙确等三十八人及第"（陆游《南唐书》卷三）。这真可说是千古笑柄了。

李后主因为信佛，供养了大批僧徒，至于荒唐的地步。"僧犯奸，有司具牍还俗。后主不听，曰：'僧人奸淫，本图还俗。今若从之，是纵其欲。勒令礼佛三百拜，免其刑。'"（《江南野史》卷三）李后主的礼佛之举，严重影响了国政。其中，亡国前夕的小长老事件尤为著名，让人难以置信。

有北僧号小长老……朝夕入论天宫地狱果报之说，后主大悦，谓之一佛出世，服饰皆镂金绛罗，后主疑其非法，答曰："陛下不读《华严经》，安知佛富贵。"因说后主多造塔像，以耗其帑庾，又请于牛头山造寺千馀间，聚徒千人，日给盛馔。有食不能尽者，明旦再具，谓之折倒，盖故造不祥语，以摇人心……金陵受围，后主召小长老求助，对曰："北兵虽强，岂能当我佛力？登城一麾，围城之师为小却。"后主真以为佛力。合掌叹异，厚赐之，下令军民皆诵救苦菩萨，声如江涛。未几，梯冲环城，矢石乱下如雨，仓皇复召小长老，称疾不至，始悟其奸。（陆游《南唐书》卷一八）

李后主不但于国事无能，自身也软弱怯懦得如儿童一般。国势日蹙，他曾以哀伤逃避现实，"尝怏怏以国蹙为忧，日与臣下酣宴，愁思悲歌不已"（《新五代史》卷六二）。

宋军南征，李后主上表乞求缓师：“臣又闻鸟兽微物也，依人而犹哀之，君臣大义也，倾忠能无怜乎？倘令臣进退之迹，不至丑恶，宗社之失，不自臣身，是臣死生之愿毕矣，实存没之幸也。岂惟存没之幸也，实举国之受赐也。岂惟举国之受赐也，实天下之鼓舞也。”（《乞缓师表》）李后主的哀怜之态，令人感伤。

投降之日，李后主登上北去的船，“船前设一独木板道，煜向之国主仪卫甚盛，一旦独登舟，徘徊不能进，曹命左右翼而登焉”（宋王陶《谈渊》）。所以，宋将曹彬很放心地说：“观煜神气，懦夫女子之不若，岂能自引决哉。”（宋江少虞《事实类苑》卷五十六）李后主到了宋太祖的面前，“见左右班列仪卫严肃，股栗久之，不能对”（《江南野史》卷三）。

在北去的路上，李后主不敢面对亡国囚徒的事实。“既至汴口，欲登礼普光寺。左右犹谏止，后主怒而大骂，曰：‘吾自少被汝辈禁制，都不自由。今日家国俱亡，尚如此耶？’遂登礼，拳拳叹息久之，散施衣物缗帛。”（《江南野史》卷三）

入北之后，“太祖赦之，封煜违命侯，拜左千牛卫将军”（《新五代史》卷六二），李后主给从前的妃嫔写信抱怨：“此中日夕，只以眼泪洗面。”（宋王铚《默记》卷下）对宋朝则只剩毕恭毕敬：“臣亡国残骸，死亡无日，岂敢别生侥觊，干挠天聪？只虑章奏之间，有失恭慎，伏望睿慈，察臣素心。”（《不敢再乞潘慎修掌记室手表》）

宋太祖曾经讥讽李后主不过是一个翰林学士。据宋洪迈《容斋随笔》卷五：“东坡书李后主去国之词云：‘最是苍皇辞庙日，教坊犹奏别离歌，挥泪对宫娥。’以为后主失国，当恸哭于庙门之外，谢其民而后行，乃对宫娥听乐，形于词句。”宋胡仔《苕溪渔隐丛话》前集卷五九曰：“《西清诗话》云，南唐后主在围城中作《临江仙》词，未就而城破。尝见残稿，点染晦昧，心方危窘，不在书耳。”理想的李后主可以豪情潇洒，但当他必须面对人间烟火时，真实的他只有懦弱无助。

除了无能和怯懦，自小富贵的生活也养成了李后主对富贵的依赖。其宫廷生活环境的奢华自不必说，最为奢侈的事迹应该是迎娶小周后的婚礼，当时观者倾城，“将纳采，后主令交鹅被以缯绿使御书，极于侈靡。及亲迎，民庶观者或登于屋，有坠瓦而死”（《江南野史》卷三）。浪漫和富贵在李后主前半生中本是相生相随的。

李后主亡国后，习惯不了囚禁生活的相对清苦，向宋朝要求给他加俸禄，以维持长夜之饮等习惯，完全没有自尊心。“务长夜之饮，内曰给酒三石，艺祖敕不与酒，奏曰：‘不然何计使之度日？’遂复给之。”（曾慥《类说》卷五二引《翰府名谈》）“太平兴国二年，煜自言其贫，诏增给月俸，仍赐钱三百万。”（《宋史》卷四七八）

环境激变的痛苦使李后主备受折磨。据宋胡仔《苕溪渔隐丛话》前集卷五九引《西清诗话》：“南唐李后主归朝后，每怀江国，且念嫔妾散落，郁郁不自聊，尝作长短句云‘帘外雨潺潺……’，含思凄惋，未几下世。”仔细想来，富贵如烟云散去，理想国一个个消逝，这样残酷的不幸，唯美的李后主确实是不堪负荷的。

国亡之后，李后主回首往事，痛不自禁，对前来探访的故臣徐铉说：“当时悔杀了潘祐、李平。”他于七夕在赐第命故妓作乐，声闻于外，传“小楼昨夜又东风”，以及“一江春水向东流”之句，太宗闻之大怒，于是赐了他牵机毒药。李后主过完七夕，痛苦离世，“葬北邙”（《江表志》），让人伤感。

徐铉归朝，为左散骑常侍，迁给事中。太宗一日问：“曾见李煜否？”铉对以：“臣安敢私见之。”上曰：“卿第往，但言朕令卿往相见可矣。”铉遂径往其居，望门下马，但一老卒守门，徐言：“愿见太尉。”卒言：“有旨，不得与人接，岂可见也？”铉云：“我乃奉旨来见。”老卒往报。徐入，立庭下久之。老卒遂入，取旧椅子相对，铉遥望见，谓卒曰：“但正衙一椅

牵机毒药（马钱子）

足矣。”顷间，李主纱帽道服而出。铉方拜，而李主遽下阶引其手以上。铉告辞宾主之礼。主曰：“今日岂有此礼。”徐引椅少偏，乃敢坐。后主相持大哭，乃坐默不言。忽长吁叹曰：“当时悔杀了潘祐、李平。”铉既去，乃有旨再对，询后主何言。铉不敢隐。遂有秦王赐牵机药之事……又后主在赐第，因七夕命故妓作乐，声闻于外，太宗闻之大怒。又传“小楼昨夜又东风”及“一江春水向东流”之句，并坐之，遂被祸云。(《默记》卷上)

江南百姓爱戴这位神仙般的国主，在李后主去世时表现得很悲痛，“殂问至江南，父老有巷哭者”（陆游《南唐书》卷三）。

李后主之死有关于徐铉的最后一次探访。今人有责怪徐铉者，言“潘祐被徐铉诸人挤死，后主对铉言悔杀潘、李，殆有憾于铉”。其实徐铉当时的位置比较难堪，从他最后为李后主写的碑文看，应该是尽到了臣子之情的，还给世界一个唯美理想的李后主：

王以世嫡嗣服，以古道驭民，钦若彝伦，率循先志。奉烝尝、恭色养，必以孝；宾大臣、事耇老，必以礼；居处服御必以节；言动施舍必以时。至于荷全济之功，谨藩国之度，勤修九贡，府无虚月，祗奉百役，知无不为。十五年间，天眷弥渥……惟王天骨秀异，神气清精，言动有则，容止可观。精究六经，旁综百氏。(《大宋左千牛卫上将军追封吴王陇西公墓志铭并序》)

从仁爱和艺文两方面哀悼，应该是知其人。李后主在这篇挽词里摆脱历史的耻辱，还原为神采翩然的神仙模样，让后人欣慰。

作为国主，李后主仁弱有余，治国无方，执于理想，耽于佛教，偏于艺文，溺于享乐。评价者所据事迹不同，结论出现偏差。《新五代史》说“煜性骄侈，好声色，又喜浮图，为高谈，不恤政事”，未免过于严苛。

马令《南唐书》感叹说“何大愚之不灵也若此”。陆游《南唐书》比较客观，肯定了李后主在国事飘摇中的爱民安民主功，“嗣位之初，属保大军兴之后，国削势弱，帑庾空竭，专以爱民为急，蠲赋息役，以裕民力。尊事中原，不惮卑屈，境内赖以少安者十有五年”，结论是李后主仁爱有余，治国无方，“故虽仁爱足以感其遗民，而卒不能保社稷云”。

“作个才人真绝代，可怜薄命作君王。”（清郭麐《南唐杂咏》）人们常常认为，李后主如果摆脱政治枷锁，做一个单纯的文人，会快乐得多。但事实上，如果不是生于帝王之家，离开金陵富足的物质条件供给和幽远柔美的山水文化，李后主可能也就不是李后主了。

南方诸国主

当时其他南方诸国也出现过才艺之主，“诸国僭主中，李重光、王衍、孟昶、霸主钱俶，习于富贵，以歌酒自娱”（宋王灼《碧鸡漫志》）。如“王衍之‘月明如水浸宫殿，有酒不醉真痴人’，李玉箫爱赏之，元人用为传奇。孟昶之‘冰肌玉骨清无汗’，东坡复衍足其句。钱镠之‘金凤欲飞遭掣搦。情脉脉。行即玉楼云雨隔’，为艺祖叹赏，惜无全篇，而亦流递于后矣”（清王弈清《历代词话》）。又如钱镠“陌上花开，可缓缓归矣”，王士禛评曰：“艳称千古。”（清王士禛《渔洋诗话》）仅就几个名句来比较词风，不是太可靠，但细细玩味，还是可以感觉到南唐词或者说李后主词更多文雅的气息。

在宫廷生活方面，和李后主同样精雅的追求，在当时南方其他小国基本没有出现。各小国短暂混乱要甚于南唐，又没有金陵那样优良的文化基础。所谓短暂富贵，只表现为放纵奢侈、穷奢极欲，而不是高层次的文化追求。西蜀也是如此，有爱好文艺者，但水平不如李后主，格调也不如李后主清雅。

各国君主之态，兹录于此，以为比较。

前蜀王建：

是岁，遣官祭盐井玉女之神，其神出半面享之。初，帝见裸体妇人于盐井，告曰：“若当为吾国土地主，富贵至矣。”故有是命。（《十国春秋》卷三五）

前蜀王衍：

好裹小巾，其尖如锥。宫妓多衣道服，簪莲花冠，施燕支夹粉，号“醉妆”。（唐孟棨《本事词》卷上）（见图 11）

妇女杂坐，夜分而罢，衍自执板唱《霓裳羽衣》及《后庭花》《思越人》曲。（宋张唐英《蜀梼杌》）

侈荡无节，庭为山楼，以綵为之。作蓬莱山，画绿罗为水纹地衣，其间作水兽芰荷之类，作《折红莲队》。盛集锻者，于山内鼓橐，以长籥引于地衣下，吹其水纹，鼓荡若波涛之起。复以杂綵为二舟，辘轳转动，自山门洞中出，载妓女二百二十人，拨棹行舟，周游于地衣之上，采折枝莲到阶前，出舟致辞，长歌复入。周回山洞。（宋田况《儒林公议》下）

（帝）又雅好蹴鞠，引锦步障以翼之，往往击毬其中，渐至街市而不知……结缯为山，及宫殿楼观于其上，又别立二綵亭于前，列诸金银锜斧之属，取御厨食料，烹燀于其间。帝乃凭綵楼视之，号曰“当面厨”。（《十国春秋》卷三七）

蜀衍荒于游幸，乃造平底大车，下设四卧轴，每轴安五轮，凡二十轮，牵以骏马，骑去如飞，谓之“流星辇”。（《清异录》卷下）

后蜀孟昶：

务为奢侈以自娱，至于溺器，皆以七宝装之。(《新五代史》卷六四)

令罗城上皆种芙蓉，覆以帷幕。每至秋时，盛开四十里，皆铺锦绣，高下相照。昶谓左右曰：“自古以蜀为锦城，今日观之，真锦城也。”张立作诗讽曰：“四十里城花发时，锦囊高下照坤维。虽妆蜀国三秋景，难入豳风七月诗。”（明蒋一葵《尧山堂外纪》卷四〇）

（广政）十二年八月，昶游浣花溪，是时蜀中百姓富庶，夹江皆创亭榭游赏之处。都人士女，倾城游玩，珠翠绮罗，名花异香，馥郁森列。昶御龙舟观水嬉，上下十里。人望之，如神仙之境。昶曰：“曲江金殿锁千门，殆未及此。”兵部尚书王廷珪赋曰：“十字水中分岛屿，数重花下见楼台。”昶称善久之。(《蜀梼杌》)

（广政六年）大选良家子以备后宫……州县骚然，民多立嫁其女，谓之“惊婚”。(《十国春秋》卷四九）

吴越钱镠：

于临安故里兴造第舍，穷极壮丽，岁时游于里内，车徒雄盛，万夫罗列。(《旧五代史》卷一三三）

南汉刘鋹：

得波斯女，年破瓜，黑腯而慧艳，善淫，曲尽其妙。鋹嬖之，赐号“媚猪”。延方士求健阳法……选恶少年配以雏宫人，皆妖俊美健者，就后园褫衣，使露而偶，鋹与媚猪巡行览玩，号曰“大体双”。(《清异录》卷上）

钱镠画像

闽王延翰：

跨城西西湖筑室十馀里，号曰水晶宫。每携后庭游宴，从子城复道以出。（《十国春秋》卷九一）

闽王延钧：

端阳日，造綵舫数十于西湖，每船载宫女二十馀人，衣短衣，鼓楫争先，延钧御大龙舟以观。金凤作《乐游曲》使宫女同声歌之。（清郑方坤等《全闽诗话》卷一〇）

闽王曦：

贤妃尚氏……有殊色，景宗最怜宠焉。醉中，妃所欲杀，则杀之；所欲宥，则宥之。（《十国春秋》卷九四）

楚马希声、马希范：

海商有鬻犀带者，直数百万，昼夜有光，洞照一室。王（马希声）杀商而取之。（《十国春秋》卷六八）

（马希范）好学善诗，颇优礼文士。然性刚愎，奢靡而喜淫，先王妾媵多加无礼。又令僧尼潜搜士庶家女。有容色者，强委擒焉，前后数百人，犹有不足之色。（《十国春秋》卷六八）

马氏富强雄于列国，诸院公子长幼凡八百馀人，咸以侈靡为务，时称“酒囊”“饭橐”，多非刺之。（《十国春秋》卷六九）

冯延巳

冯延巳，字正中，一名延嗣。“巳”“嗣”同音，据焦竑《笔乘》，“释氏六时：‘可中时，巳也。正中时，午也’”。字正中，则为辰巳之巳。明天启刻本曾慥《类说》卷一五引《侯鲭录》，卷二〇引《南唐近事》，其中的“冯延巳”皆作“巳”。又《玉篇》释“巳”：“嗣也，起也。”所以“巳”与“嗣”同义。

在南唐，冯延巳位至宰相，却名列“五鬼”。他不只是和李璟以文艺相伴，还是南唐党争的核心人物，有不少恶迹劣行。陈代的江总、徐陵，严格说来或许不能称为高尚，但至少品德上有可圈可点之处。而南唐的冯延巳和韩熙载，人生境界就卑微多了。

冯延巳是贵族，又不太像贵族，对他而言，“士大夫”是更合适的称谓。他的出身并不怎么高贵，本身的性格、心理也较褊狭，只是一个“小”文人。然而，小人物有小人物的好处，如果用褒义词形容的话，那就是浑身充满了活力和生命力，这正是他们独特的魅力所在。处于士大夫阶层的冯延巳，在富贵、艳丽、温柔、精致的环境影响下，丧失骨气，导向阴柔的人格，即依附富贵与附庸风雅。

冯延巳在李璟朝中，算是先朝老臣。他一直陪伴着李璟的人生和政治生涯，从他做太子时就一同游处。“有辞学，多伎艺，烈祖以为秘书郎，使与元宗游处。”（马令《南唐书》卷二一）李璟也特别优待他。早在先主朝，就有对他不好的议论。“元宗立，延巳喜形于色，未听政，屡入白事，元宗方哀慕，厌之，谓曰：书记自有常职，馀各有司存，何为不惮烦也。乃少止。”（陆游《南唐书》卷一一）其小人伺机而动之形态毕备。冯延巳后来官至宰相，“（保大五年）江文蔚上疏请黜延巳，上曰‘相从二十年宾客故僚，独此人在中书’”（《江南馀载》卷上），李璟俨然有惺惺相惜之情。

元宗尝戏延巳曰："吹皱一池春水，干卿何事？"延巳曰："未如陛下'小楼吹彻玉笙寒'。"元宗悦。（马令《南唐书》卷二一）

这两句词从某个侧面反映了各自作者的境界。李璟的"小楼吹彻玉笙寒"，虽有些寒意，但品格高贵；冯延巳的"吹皱一池春水"，则颇有文人无事生非的心理了。

延巳负其材艺，狎侮朝士，尝诮孙忌曰："君有何所解，而为丞郎？"忌愤然答曰："仆山东书生，鸿笔丽藻，十生不及君；诙谐歌酒，百生不及君；谄媚险诈，累劫不及君。然上所以寘君于王邸者，欲君以道义规益，非遣君为声色狗马之友也。仆固无所解，君之所解，适足以败国家耳。"（陆游《南唐书》卷一一）

（孙忌）累迁右仆射，与冯延巳并相。每鄙延巳，侮诮之，卒先罢。（陆游《南唐书》卷一一）

（齐丘）书札不工，亦自矜衒，而嗤鄙欧、虞之徒。冯延巳亦工书，远胜齐丘，而佯为师授以求媚。齐丘谓之曰："子书非不善，然不能精意，往往似虞世南，其何堪也！"其狂瞽如此。（马令《南唐书》卷二〇）

君子小人相争相容，交相辉映。人们肯定的好像只是他的词才，至于诙谐歌酒，以致谄媚险诈，败国弄臣，虽然实际上起的作用也许有限，但非常为人不齿。

具体来说，冯延巳在政坛上的败绩如下。

其一，使皇帝不上朝理政。李璟出于兄弟相让之心，一度丢开政事。其中冯延巳是一个活跃的导向者。

延巳无才而好大言，及再入相，乃言己之智略足以经营天下，而人

主躬亲庶务，宰相备位，何以致理。于是元宗悉以庶政委之，奏可而已。延巳迟疑顾望，责成胥吏之手。（马令《南唐书》卷二一）

书生意气严重，政治天真，不通国事，君主李璟如此，在大臣冯延巳则有过之而无不及，无怪于君臣受到史书的讥讽。

其二，对外战事失利。“延巳初以文艺进，实无他长，纪纲颓弛，吏胥用事，军旅一切，以委边帅，无所可否，愈欲以大言盖众，而惑人主，至讥笑烈祖戢兵，以为龌龊无大略，尝曰：‘安陆之后，丧兵数千，辍食咨嗟者旬日，此田舍翁，安能成天下事。今上暴师数万于外，宴乐击鞠，未尝少辍，此真英雄主也。’”（陆游《南唐书》卷十一）李璟用兵失利，以至割土赔款、屈辱不堪，冯延巳在其中实有不可推卸的责任。

其三，出镇无政绩。“南唐元宗优待藩邸旧僚。冯延巳自元帅府书记至中书侍郎，遂相，时论以为非才。江文蔚因其弟延鲁福州亡败，请从退削，乃出抚州，秩满还朝。因赴内宴，进诗曰：‘青楼阿监应相笑，书记登坛又却回。’”（宋阮阅《诗话总龟》卷四四）冯延巳虽无善政，依然喜气洋洋。

今人也有为冯延巳辩驳的，甚有道理。夏承焘先生认为《钓矶立谈》乃史虚白之子作。史虚白与韩熙载友善，而不得用，故其子于宋党诸人斥贬至严，遂并及冯延巳。而除《钓矶立谈》外，没有苛论冯延巳的。至于《玉壶清话》、马令《南唐书》本传中的类似记载，盖用《钓矶立谈》，党与攻讦之辞也。

而且，历史记载也不全是反面材料。据《钓矶立谈》，“冯延巳之为人，亦有可喜处。其学问渊博，文章颖发，辩说纵横，如倾悬河暴雨，听之不觉膝席而屡前，使人忘寝与食”。擅言辞是他的优势，再加上他文学上的卓越才能，喜欢文艺的李璟对他一直刮目相看。又据《江南别录》，“延鲁急于趋进，欲以功名图重位，乃兴建州之役。延巳曰：士以文行饰身，忠信事上，何用行险以要禄。延鲁曰，兄自能如此，弟不能愔愔待循资宰相也”。虽然延巳未必真能“文行饰身，忠信事上”，但至少他有过这样的想法。

冯延巳亦有宽厚之举。“萧俨尝廷斥其罪，及为大理卿，断军使李甲妻狱。失入坐死，议者皆以为当死。延巳独扬言曰：‘俨为正卿，误杀一妇人，即当以死，君等今议杀正卿，他日孰任其责？’乃建议：‘俨素有直声，今所坐已更赦宥，宜加弘贷。’俨遂免，人士尤称之。”（陆游《南唐书》卷一一）这些，或许也能说明冯延巳并不像一般记载中那么糟糕。他不过是一个不懂政治的文人，在当时的那个文人堆里，以新鲜的生命力投入一场混乱的局面。

战败之后，李璟对冯延巳仍然很宽容，“延巳力求去，而元宗待之如初，及周师大入，尽失江北地，始罢延巳”（陆游《南唐书》卷一一）。之后不久，冯延巳病故，年五十八岁。

冯延巳一生最有魅力的，还是他的词。陈世修《阳春集序》云：“公以金陵盛时，内外无事，朋僚亲旧，或当燕集，多云藻思，为乐府新词，俾歌者倚丝竹而歌之，所以娱宾而遣兴也。”才子冯延巳的“罗幕轻寒夜正春”，从某方面讲，意味着新兴都市文化的某些征兆。

韩熙载

韩熙载应该是南唐最有个性的文人，恃才傲物。客观地说，他有文艺才华，却绝不是一个贤臣，也不可能成为一个优秀的政治家。韩熙载是北方士人，虽然父辈也是官僚，却绝非贵族，是江南的环境培养了奢华诗性的韩熙载。

熙载才气逸发，多艺能，善谈笑，衣冠常制新格，为当时风流之冠。《清异录》云："熙载在江南造轻纱帽，匠帽者谓为'韩君轻格'，人多效之。"（《十国春秋》卷二八）

（韩熙载）奉使中原……或问："江南何不食剥皮羊？"熙载对曰："江南地产罗纨，故尔。"时皆不喻，迨熙载去，乃悟。（马令《南唐书》卷一三）

韩熙载家过纵姬侍，第侧建横窗，络以丝绳，为观觇之地。初惟市物，后或调戏赠与，所欲如意，时人目为"自在窗"。（《清异录》卷下）

神仙中人。风彩照物，每纵辔春城秋苑，人皆随观。谈笑则听者忘倦，审音能舞，善八分及画，笔皆冠绝。简介不屈，举朝未尝拜一人。（宋释文莹《湘山野录》卷下）

关于韩熙载的夜宴，古人记录中有躲避后主迫害之说。如《夜宴图》卷后宋无名氏《熙载小传》："及后主嗣位，颇疑北人，多以死之。且惧，遂放意杯酒间。"这应该是荒谬之说。南唐先主、中主、后主都仁厚爱才，南唐虽有党争，但相较而言，气氛还是宽松的。虽然李后主做过冤杀人臣的事，但说他迫害北人，以至韩熙载，是无事生非。

韩熙载是怎样一个人呢？一介书生，北人南投，来到南唐，起初颇有抱负。

初与李穀相善。明宗时，熙载南奔吴，穀送至正阳，酒酣临诀，熙载谓穀曰："江左用吾为相，当长驱以定中原。"穀曰："中国用吾为相，取江南如探囊中物尔。"及周师之征淮也，命穀为将，以取淮南，而熙载不能有所为也。（《新五代史》卷六二）

韩熙载是怀着治国安邦的宏大抱负来到南唐的，但最后没能一展身手，理想和现实落差极大。韩熙载初到南唐，曾对当时的杨吴政权上书自表：

是故有经邦治乱之才，可以践股肱辅弼之位，得之则佐时成绩，救万姓之焦熬；失之则遁世藏名，卧一山之苍翠。（《江表志》卷二）

口气非常大，认为自己力在经邦治乱；如不成，就隐居名山。可惜爱才的南唐先主并没有重用他。韩熙载真正叱咤政坛，是在中主继位后。在南唐国势强盛的局面下，他及时敦促李璟北伐。中主很爱惜他的才华，韩熙载就开始显现出他刚直的一面，很快卷入了党争。

于是始言朝廷之事所当条理者，前后数上……由是宋齐丘之党大忌之……熙载性懒，朝直多阙，为冯延巳劾奏罢其职。陈觉等丧师南闽，特赦不诛。熙载上书，请置于法。元宗手札敦喻。而宋齐丘大怒，乃诬以醉酒披猖，黜为和州司马。其实熙载平生不能饮。（马令《南唐书》卷一三）

才子的刚直遭遇了轰轰烈烈的反对。虽然“元宗意独嘉之，命权知制诰，书命典雅，有元和之风，与徐铉齐名，时号韩徐”（陆游《南唐书》卷一二），但韩熙载数次直谏中主，终不得用。

李后主即位，特别重视韩熙载这样的老臣，韩熙载也做了一点儿表面文章。比如有一次李后主亲自讯囚，释放了一些囚犯，韩熙载捐款充作军资。“冬，校猎于青龙山，还憩大理寺，亲录囚徒，原贷甚众。韩熙载奏：‘狱讼有司之事，囹圄之中，非车驾所至。请捐内帑钱三百万，充军资库用。’国主从之，曰：‘绳愆纠谬，其熙载之谓乎？’”（马令《南唐书》卷五）那么，韩熙载为何不肯在后主朝好好做点儿事呢？

对于政治失落的韩熙载，干脆离开了政坛。清代俞正燮曰："其言不用，即终身不肯作相，真沉毅坚决者。"(《癸巳存稿》)韩熙载的沉毅坚决本身很肤浅，也很极端，却有历史的意味。他不肯做相，一是因为后主朝亡国局势已定，无可作为；二是才子浪荡习气所致。

而政治不得意的失落感，在他是非常突出的。韩熙载放荡不羁是出了名的，俨然一个江南才子加狂士。"熙载年少放荡，不守名检。"（陆游《南唐书》卷一二）他的狂傲在与人相处时屡屡表现出来。对宋齐丘这样的名臣，他丝毫不忌讳，表示讨厌。宋齐丘给人起草墓志，然后由擅长书法的韩熙载抄写，每到此时，韩熙载都要塞上鼻孔，"以纸塞鼻，或问之，对曰：'文臭而秽'"（马令《南唐书》卷一三）。还有：

初，严续请熙载撰其父可求神道碑，欲苟称誉，遗珍货巨万，仍辍未胜衣歌妓姿色纤妙者归焉。熙载受之。文既成，但叙其谱裔品秩而已。续慊之，封还熙载。熙载亦却其赠，上写一阕于泥金带云："风柳摇摇无定枝，阳台云雨梦中归。他年蓬岛音尘断，留取樽前旧舞衣。"（马令《南唐书》卷一三）

严续是先主的女婿，嗣主时知尚书省为门下侍郎同平章事，以不学为同列所轻。

韩熙载得罪起人来，有时丝毫不犹豫。有些后辈拿着文章向韩熙载请教，他捉弄人家：

有投贽荒恶者，使妓炷艾熏之。俟来，嗔曰："子之卷轴，何多艾气也！"（宋曾慥《类说》卷一八）

北朝来的使者陶穀，被韩熙载捉弄得无法做人。

陶穀学士奉使，恃上国势，下视江左，辞色毅然不可犯。韩熙载命妓秦弱兰诈为驿卒女，每日敝衣持帚扫地，陶悦之与狎，因赠一词，名《风光好》云："好因缘，恶因缘，只得邮亭一夜眠。别神仙。琵琶拨尽相思调，知音少。待得鸾胶续断弦，是何年？"明日后主设宴，陶辞色如前，乃命弱兰歌此词劝酒，陶大沮，即日北归。（明陶宗仪《说郛》卷三九）（见图 12）

韩熙载放浪到了无法无天的地步，连李后主都敢极尽讽刺挖苦。"（李后主婚礼豪奢）韩熙载以下，皆为诗以讽焉，而后主不之谴。"（马令《南唐书》卷六）他又和后主艳词曰："桃李不须夸烂熳，已失了春风一半。"（明陈耀文《天中记》卷五二）此句讽刺南唐已失去半壁江山，相传后主为此罢宴。韩熙载这样狂傲，政治上的失败是必然的，失败后的心理落差是明显的。

韩熙载晚年不仅俸禄优厚，还有替人写碑表的赏赉：

韩熙载才名远闻，四方载金帛求为文章碑表，如李邕焉。俸入赏赉，倍于他等。（《玉壶清话》卷一〇）

可是，韩熙载蓄妓四十余人，经济不节制，还是闹钱荒：

所受月俸，至即散为妓女所有，而熙载不能制之，以为喜。而日不能给，遂敝衣屦，作瞽者，持独弦琴，俾舒雅执板挽之，随房歌鼓求丐以足日膳。旦暮亦不禁其出入，或窃与诸生糅杂而淫，熙载见之，趋过而笑曰"不敢阻兴"而已。及夜奔寝者，其客诗云："苦是五更留不住，向人头畔着衣裳。"（清王士禛、郑方坤《五代诗话》卷三引《缃素杂记》）

秦弱兰画像

这就是《韩熙载夜宴图》（见图 4）的场面了。这一片混乱的生活，也只有放浪的韩熙载做得出。

至于他的忧愁，那是一个不得实现凌云志的才子的失落，当然，还有对亡国气氛的敏感反应。虽有凌云志，却只是极度的放荡，仅就气度讲，韩熙载比起陈江总、南唐徐铉来，未免逊色。然而韩熙载的放荡极具张力。

《江南馀载》卷上记载：“陈致尧雍熟于开元礼，官太常博士。国之大礼，皆折衷焉。与韩熙载最善。家无担石之储，然妾妓至数百，暇奏霓裳羽衣之声，颇以帷薄取讥于时。”场面非常热闹。这是有代表性的，是富贵故都君臣沉迷声色的典型。有意思的是，这种情况在当时没有被恶评，反而得到普遍响应。

后房蓄声妓，皆天下妙绝，弹丝吹竹，清歌艳舞之观，所以娱侑宾客者，皆曲臻其极。是以一时豪杰，如萧俨、江文蔚、常梦锡、冯延巳、冯延鲁、徐铉、徐锴、潘祐、舒雅、张洎之徒，举集其门。熙载又长于剧谈，与相反复论难，多深切当世之务。（《钓矶立谈》）

没有钱了，韩熙载向李后主要，说：

家无盈日之储，野乏百金之产。仲尼蔬食，平仲豚肩，亦未之如也。今商飙已至，寒色渐加，挟纩授衣，未知何以。（宋曾慥《类说》卷一八）

李后主就赏给他钱。最后，李后主生气了，要把他贬到洪州，他又上表哭哭啼啼：

诸佛慈悲，常容悔过，宣尼圣哲，亦许自新。臣无横草之功，有滔天之罪，羸形虽在，壮节全消。满船稚子婴儿，尽室行啼坐哭。劲风孤烛，病身那得长存；万水千山，回首不堪永诀。（宋曾慥《类说》卷一八）

李后主对他没有办法：

熙载密语所亲曰："吾为此以自污，避入相尔，老矣，不能为千古笑。"端坐托疾不朝，贬右庶子，分司南都。熙载尽斥诸妓，后主喜，留为秘书监，俄复故官，欲遂大用之。而去妓悉还，后主叹曰："孤亦无如之何矣！"（陆游《南唐书》卷一二）

韩熙载说自己的放荡是自污以自保，看来没有这种必要。说白了，韩熙载的所谓自污，根本就是有才有钱后的末世放纵。

韩熙载于南唐亡国前去世，李后主很伤心。

曰："吾竟不得相熙载，欲赠平章事，古有是否？"或对曰："晋刘穆之赠开府仪同三司，即故事也。"乃赠右仆射同平章事。废朝三日。（陆游《南唐书》卷一二）

李后主亲赐谥号，又选得谢安墓侧山清水秀处做葬地，"惟须山峰秀绝，灵仙胜境，或与古贤丘表相近，使为泉台雅游。"（《玉壶清话》卷一〇）爱才的李后主自始至终真心地珍爱韩熙载。这也是很有意味的。

明清时人王觉斯说韩熙载"寄意玄邈，直作解脱观，摹拟郭汾阳，本乎老庄之微枢"（《夜宴图跋》）。清代大将军积玉斋主人年羹尧说："韩熙载所为，千古无两，大是奇事，此殆不欲索解人欤？"（《夜宴图跋》）这些未免夸大。

韩熙载的举动哗众取宠，无甚气度。后人过誉的原因，大概还是要归于顾闳中的《韩熙载夜宴图》太精彩了。根本的原因则是韩熙载的夜宴，从某方面代表了一个时代的精神，一种新兴才子的活力。他在旧的完美失落之后，毫不畏缩地抒发自己，也毫不缺乏力度。

徐铉

从杨吴政权到南唐三主，到宋朝，徐铉可以说是身仕数朝。在南唐，他是难得的勤勉为之、竭力扶持社稷的大臣。徐氏兄弟颇有点南朝徐陵的风度。只是，他们并非天生贵族，可能贵族的血脉还有一些吧。从他们的诗文可以看出，兄弟二人，特别是徐铉，一生经过的场面、去过的地方，可以说不计其数。而绵亘一生的，是士大夫的一点正气和对生命的认真，阅历给予他们更多的是正面影响。这和当时冯延巳、韩熙载相对失却正直和骨气不一样。在艺文方面，他们则更多沉浸于纯粹的学问，冷静地把自己同外面那夜寂人乱的末世享乐分隔开来。

身处舒适、婉约、精致、柔情的环境氛围中，本身又富有才学和阅历，徐铉遂成为江南温雅儒生的典型。他的性格健康积极，同时满腹才学，温文尔雅。这使他得以比较顺利地应对趋于激烈的党争和亡国的特殊氛围。对李后主忠心报效，却不偏执，适当做到了委运任化。“性简淡寡欲，质直无矫饰”（《宋史》卷四四一），是徐铉性格的主要特点。

徐锴、徐铉的父亲是唐朝进士，辗转到南唐，遂家广陵。陆游《南唐书》卷五为徐锴作传曰：“锴四岁而孤，母方教铉就学，未暇及锴。锴自能知书。稍长，文词与铉齐名。”徐氏二兄弟都是饱学之士。徐锴因为刚直，曾被贬官。“时殷崇义为学士，草军书，用事谬误，锴窃议之。

崇义方得君，诬奏锴泄禁省语，贬乌江尉。岁余召还，授右拾遗、集贤殿直学士，论冯延鲁有罪无才，人望至浅，不当为巡抚使，重忤权要，以秘书郎分司东都。然元宗爱其才，复召为虞部员外郎。”他忠直有余，不把心思用在党争上，因此吃亏。

徐锴在后主朝做集贤殿学士。“与兄铉俱在近侍，号二徐”。总的来说，徐氏兄弟在南唐没有惊涛骇浪的官场起伏，这和他们的性格和为人有关系。徐锴以学问闻名当朝，曾主持南唐科举，很有成绩。“锴凡四知贡举，号得人。”他最大的功劳还是在集贤殿校雠藏书，“后主尝得周载《齐职仪》，江东初无此书，人无知者，以访锴，一一条对，无所遗忘，其博记如此”。江南藏书之盛，徐锴功不可没。徐锴卒于南唐亡国前夕，“时国势日削，锴忧愤郁郁，得疾，谓家人曰：‘吾今乃免为俘虏矣！’”总的来说，徐铉在朝廷做事，比徐锴要忙碌；而徐锴忠直之处，过于徐铉，学问也用力更深。

特定的亡国氛围对徐铉的人生态度是有影响的。在那个时代，忠义不可能实现。徐铉《送张佖郭贲二先辈序》曰：“君子之道，无施不可。舒之弥四海，卷之在掌握。”这反映了权变的思路。

景阳台怀古

后主亡家不悔，江南异代长春。
今日景阳台上，闲人何用伤神。

徐铉此诗，一反此类怀古诗讽叹陈后主荒淫亡国的基调。虽然朝代改了，江南的春天不是依旧美丽吗？陈后主到北方以后，不也过得好好的吗？闲人又何必拘泥于“亡国”，白操心呢？正如他在亡国后渡江时所写的《过江》，“此心非橘柚，不为两乡移”，更明确地表达了对朝代更替的达观态度。能够超脱儒家传统思想，即便在儒家统治相对并不强固的五代，也殊为不易。当然，从徐铉一生的形迹看，他基本上是以正统思想为主。

历史上留存下来的徐铉的一些事迹片段，颇能反映其人性格。

时景命内臣车延规、傅宏营屯田于常、楚州，处事苛细，人不堪命，致盗贼群起。命铉乘传巡抚。铉至楚州，奏罢屯田，延规等惧，逃罪，铉捕之急，权近侧目。及捕得贼首，即斩之不俟报，坐专杀流舒州。（《宋史》卷四四一）

屯田是南唐经济的倚仗。李璟说："吾国兵数十万，安肯不食捍边。事有大利，则举国排之奈何？"（陆游《南唐书》卷二）徐铉有爱民之心，但对于经济基础这个基本前提认识不足，显得不识时务，因此被贬职。做事偏于认真正直，给徐铉带来一些官场起伏。但在南唐，徐铉确实有些"数朝开济老臣心"的品质。南唐发行铁钱，由徐铉篆文，可见其政治和学术地位。李后主迎娶小周后的婚礼，徐铉主张鼓乐从简，是负责任的态度。又据《南唐近事》：

金陵城北有湖，周回十数里，幕府、鸡笼二山环其西，钟阜、蒋山诸峰耸其左，名园胜境，掩映如画，六朝旧迹，多出其间。每岁菱藕罟网之利，不下数十千，《建康实录》所谓"玄武湖"是也。一日诸阁老待漏朝堂，语及林泉之事，坐间冯谧因举元（玄）宗赐贺监三百里镜湖，信为盛事，又曰："予非敢望此，但赐后湖，亦畅予平生也。"吏部徐铉怡声而对曰："主上尊贤待士，常若不及，岂惜一后湖，所乏者知章尔！"冯大有惭色。

徐铉的品质和在朝廷的影响力可见一斑。至于《江南野史》卷三记

凭虚听雨

载："宰相汤说、吏部尚书徐铉之徒但顺非文过，尸禄希旨，曾不一言谏诤。坐待王师，阴伺败亡，随作系虏。"

所谓"顺非文过"，不过是局势不可扭转时的举动罢了。又如《江表志》卷二记载："徐公撰《江南录》，议者谓之不直，盖不罪宋国老故也。"宋国老乃宋齐丘，徐铉和他是对立的党派，写《江南录》"不罪宋国老"，正反映了徐铉对过去共处的朝臣的宽容和珍惜。联系到入宋后他写李后主墓志，缠绵悱恻，一往情深，可以见出徐铉的品质。

在国势危急时刻，徐铉亲自出使宋朝，进行斡旋。据《新五代史》卷六二：

铉居江南，以名臣自负，其来也，欲以口舌驰说存其国，其日夜计谋思虑，言语应对之际详矣……铉朝于廷，仰而言曰："李煜无罪，陛下师出无名。"太祖徐召之升，使毕其说。铉曰："煜以小事大，如子事父，未有过失，奈何见伐？"其说累数百言。太祖曰："尔谓父子者为两家可乎？"铉无以对而退。

徐铉费尽心机，想为南唐政权挽回垂死命运。但时势如此，即便他满腹才华，累数百言，也敌不过粗通文墨的宋太祖。徐铉入宋后以寿终，仍以学问著称，但活得并不轻松。

铉援笔无滞，辞理精当，时论能之……淳化二年，庐州女僧道安诬铉奸私事，道安坐不实抵罪，铉亦贬静难行军司马。(《宋史》卷四四一)

徐铉因为一件莫名其妙的官司贬谪，几乎送了性命。可见宋朝文人当政，党争异常激烈，环境毫不宽松。何况，徐铉入宋后，并不愿改变金陵故国养成的习惯。

初，铉至京师，见被毛褐者辄哂之，邠州苦寒，终不御毛褐，致冷疾。一日晨起方冠带，遽索笔手疏，约束后事，又别署曰："道者，天地之母。"书讫而卒，年七十六。(《宋史》卷四四一)

江南人自有文化的骄傲感，看到北方毛皮衣服都是兽皮做的，徐铉认为不雅，以致得疾。临死了，还想到道，是对贵族传统失却的怀旧情结，还是江南才子的执拗？他坚持不肯变更，又沉浸学问之中，虽然趋于保守，也是个性鲜明的新才子形象。

徐铉最后归葬在南昌之西山。徐铉《吴王挽词》曰："倏忽千龄尽，冥茫万事空。青松洛阳陌，荒草建康宫。道德遗文在，兴衰自古同。受恩无补报，反袂泣途穷。"让人感觉到，在国家变故中，莫名的位置产生了莫名的感受。

第四章　活在文学里的末世后妃

张贵妃

张贵妃张丽华有名，因为她是陈后主的宠妃，而且陈后主为她写过亡国之曲《玉树后庭花》。这位脸似花含露水的绝色美人，似一道流光，刹那间照亮了整个宫廷。张贵妃是奢靡颓废生活的象征，后代文人对她多有嘲讽，然嘲讽归嘲讽，这个典型长存于诗歌的历史之中。“商女不知亡国恨，隔江犹唱后庭花”，这些指责里，是否还包含着说不清的艳羡和好奇呢？

张贵妃，初时是一个贫家女孩儿。“父兄以织席为事。后主为太子，以选入宫。是时龚贵嫔为良娣，贵妃年十岁，为之给使，后主见而说焉，因得幸，遂有娠，生太子深。”（《陈书·后妃传》）出身贫寒，没有可依靠的家族，所以在后宫中她完全依附于陈后主的感情，她身上有许多柔软的成分，让人叹息。

张贵妃依附富贵，却最终颠覆了富贵，赔上了性命。她的武器之一是美貌，魏徵描绘她：

发长七尺，鬒黑如漆，其光可鉴。特聪慧，有神采，进止闲暇，容色端丽。每瞻视盼睐，光采溢目，照映左右。常于阁上靓妆，临于轩槛，宫中遥望，飘若神仙。(《陈书·后妃传》)

美人和美文两相映照，暴露了文人的矛盾心理。

张贵妃的武器之二是妖术，《陈书·后妃传》说她“好厌魅之术，假鬼道以惑后主，置淫祀于宫中，聚诸妖巫使之鼓舞”，这位妖姬征服了陈后主。

张贵妃的武器之三是好人缘，“后主每引贵妃与宾客游宴，贵妃荐诸宫女预焉，后宫等咸德之，竞言贵妃之善，由是爱倾后宫”，她向后主推荐其他宫女，这种牺牲自我行为，表明她对现实有着明智的理解。

张贵妃的武器之四，就是参政了。“因参访外事，人间有一言一事，妃必先知之，以白后主。由是益重妃，内外宗族，多被引用。”据魏徵的评论，陈后主理政时，让张贵妃坐于膝上，而张贵妃“才辩强记，善候人主颜色”，其精明远远超过了陈后主的疏懒。陈朝的覆灭固然有多方面的原因，但张贵妃在其中也当负有一定的责任。

后宫之家，不遵法度，有挂于理者，但求哀于贵妃，贵妃则令李、蔡先启其事，而后从容为言之。大臣有不从者，亦因而谮之，所言无不听。于是张、孔之势，熏灼四方，大臣执政，亦从风而靡。阉宦便佞之徒，内外交结，转相引进，贿赂公行，赏罚无常，纲纪瞀乱矣。

《陈书·后妃传》还完整地记载了陈后主为张贵妃所建的“丽宇”三阁：

至德二年，乃于光照殿前起临春、结绮、望仙三阁。阁高数丈，并数十间，其窗牖、壁带、悬楣、栏槛之类，并以沉檀香木为之，又饰以金玉，间以珠翠，外施珠帘，内有宝床、宝帐，其服玩之属，瑰奇珍丽，近古所未有。每微风暂至，香闻数里，朝日初照，光映后庭。其下积石为山，引水为池，植以奇树，杂以花药。

袁大舍画像

后主自居临春阁，张贵妃居结绮阁，龚、孔二贵嫔居望仙阁，并复道交相往来。又有王、李二美人，张、薛二淑媛，袁昭仪，何婕妤，江脩容等七人，并有宠，递代以游其上。以宫人有文学者袁大舍等为女学士。

后主每引宾客对贵妃等游宴，则使诸贵人及女学士与狎客共赋新诗，互相赠答，采其尤艳丽者以为曲词，被以新声，选宫女有容色者以千百数，令习而歌之，分部迭进，持以相乐。其曲有《玉树后庭花》《临春乐》等，大指所归，皆美张贵妃、孔贵嫔之容色也。其略曰："璧月夜夜满，琼树朝朝新。"

这可以成为末世宫廷生活的缩影。这里有华丽的楼阁、珍奇的服玩，香飘数里；这里垒山，凿池，植上花树；这里学士、美人复道往来，赋诗，被以新声，千女学歌，犹如神仙。只有江南的宫廷在物力和财力上可以达到这样的水准。而恰恰是这极端的美好，引发了亡国悲剧。可以称之末日的狂欢吗？故事的主角们明白他们的命运吗？这些问题我们现在已无法确知。

陈亡之日，张贵妃和陈后主一起被隋军从井里提上来，被杨广斩于青溪中桥。而陈后主和沈后，则被带到北方，得以善终。这事记载在《北史·高颎传》中：

及陈平，晋王欲纳陈主宠姬张丽华。颎曰："武王灭殷，戮妲己。今平陈国，不宜取丽华。"乃命斩之。

其实，看似华美的玉树后庭，宫廷生活肯定充满悲酸之处。有意思的是，江总和徐陵各有《杂曲》共三首，托张贵妃为背景，内容颇为冷酷。附录江总《杂曲》之二在此。

殿内一处起金房，并胜馀人白玉堂。

珊瑚挂镜临网户，芙蓉作帐照雕梁。

房栊宛转垂翠幕，佳丽逶迤隐珠箔。

风前花管飏难留，舞处花钿低不落。

阳台通梦太非真，洛浦凌波复不新。

曲中唯闻张女调，定有同姓可怜人。

但愿私情赐斜领，不愿傍人相比并。

妾门逢春自可荣，君面未秋何意冷。

沈后

关于沈后，人们大多是从她与陈后主的两首赠答诗开始了解的。《先秦汉魏晋南北朝诗》引史注曰：“陈主尝御沈后处，暂入即还。谓后曰：‘何不见留？’赠诗云云，后答云云。”

戏赠沈后

留人不留人，不留人也去。

此处不留人，自有留人处。

答后主

谁言不相忆，见罢倒成羞。

情知不肯住，教遣若为留。

以沈后的地位、身份，怕是写不出这么有趣的赠答诗。陈后主的诗倒是有可能的。大概正因为她是风流皇帝的皇后，才会有后人编出这么有趣的事儿。

身为皇后却不被宠爱，最重要的原因，应该是无甚情趣。据《陈书·后妃传》，沈后身份尊贵，是吴兴沈氏的后代，母亲是陈高祖的女儿。可惜家族成员很早亡故。沈皇后于太建三年（571）被立为太子妃。除了母亲在她很小的时候去世之外，据《陈书·沈君理传》，爷爷沈迈太建二年（570）卒，父亲沈君理太建五年（573）卒，叔叔沈君高太建十年（578）卒。《陈书》还记载其叔叔沈君公先侍梁朝，于祯明元年（587）叛隋归陈，陈亡后被杀。从这方面讲，沈后在陈朝二十余年的皇后生活，基本上是孤苦伶仃的。因为地位高，所以家教严，导致礼教思想严重。《陈书·后妃传》讲其对父母至孝，“主早亡，时后尚幼，而毁瘠过甚。及服毕，每至岁时朔望，恒独坐涕泣，哀动左右，内外咸敬异焉”。《南史·后妃传》甚至将她的品德神化，“尝遇岁旱，自暴而诵佛经，应时雨降”，这么一个中规中矩的皇后，自然很难让陈后主称心。

沈后不被宠爱的另一个原因，在于陈后主的心理定式。陈后主曾作《三妇艳词》十一首，表露了他的想法。摘录三首如下：

大妇避秋风，中妇夜床空。
小妇初两髻，含娇新脸红。
得意非霰日，可怜那可同。

大妇爱恒偏，中妇意常坚。
小妇独娇笑，新来华烛前。
新来诚可惑，为许得新怜。

大妇怨空闺，中妇夜偷啼。
小妇独含笑，正柱作乌栖。
河低帐未掩，夜夜画眉齐。

在这种事情上，陈后主并没有鹤立鸡群。大妇是正妻，用来撑门面，小妇含娇，才是丈夫所欲。然而，沈后绝非一无是处。正因为她的身份和条件，沈后肯定容貌不丑，而且颇富才学，否则也不会有与后主诗歌赠答的故事。《陈书·后妃传》说沈后“性端静，寡嗜欲，聪敏强记，涉猎经史，工书翰”,《隋书·经籍志》记其“有集十卷”。据《南史》本传，陈亡后，“隋炀帝每巡幸，恒令从驾”，可见她的相貌和才学可圈可点。

沈后秉性安宁。张贵妃宠倾后宫，“后主沈皇后素无宠……别居求贤殿”,“后澹然未尝有所忌怨”,“唯寻阅图史、诵佛经为事”(《陈书·后妃传》)。陈亡后，她与陈后主俱入长安，陈后主薨后，还曾写悲悼之辞。唯其如此，才能虽不受宠而与陈后主、张贵妃相安无事二十年。只在祯明二年(588),张贵妃的儿子被立为太子，陈后主才想废沈后，她不得不“数上书谏争”(《南史·后妃传》),然不久因亡国作罢。

沈后做到秉性端静，当然也不是凭空而为。她的身份、家世，都是她的“资产”，能够保障她一直无忧无虑的富贵生活。经济相对独立，使她并不必向陈后主邀宠。“居处俭约，衣服无锦绣之饰，左右近侍才百许人。”(《陈书》本传)所谓节俭，不过是少一些丝绸衣服，身边服侍的人还是有一百多，这在我们今天很难想象。不过，这可能是记载错误，因为《建康实录》卷二〇中写作“左右近侍才留五人”，这才比较合理。

身为皇后，实为幸事。不被宠，在那个末世，也未尝不是失之东隅，收之桑榆。因此，她与陈后主的末世放荡生活有一定距离，而终不致受他的影响。沈后的高贵身份和生活，正好使她暂时超脱那个末世宫廷，以及有关的放荡和颓废。她选择了安安静静地读书和信佛，跟释智𫖮有书信往来。

沈后长寿且得善终。陈亡后，她又陪陈后主十五年，之后大概过了十五年至隋亡，“及炀帝被杀，后自广陵过江，于毗陵天静寺为尼，名观音。贞观初卒”（《南史·后妃传》）。

沈后生于富贵，死于富贵。常州的天静寺，即今天宁寺，乃“东南第一丛林”“一郡梵刹之冠”。沈后的法号观音，也非常人能有，有传说附会说“观音菩萨”是从沈后演化而来。这自然是无稽之谈，但重要的是沈后一生尊贵。因为不受宠，她避开了那个乱世的旋涡，超脱了大起大落的忧苦。

值得惊叹的是，温柔富贵之都的故事，仿佛永远是柔软和平的，仿佛没有后宫斗争的可怕战局。沈后最尖锐时也不过是上书谏诤，而事情过后，很快没有了痕迹。这个离陈后主最近，陪他时间最长的人，过着与陈后主、张贵妃完全不同的生活。

书法史有评论：“沈氏后德，名标婺华。允光亲署，独美可嘉。如晚晴阵云，傍日残霞。”（唐张彦远《法书要录》卷五）

大小周后

李后主与大小周后的恋情，在古代宫廷历史中比较突出地包含艺术和唯美的成分。在那个时间地点出现了这样的宫廷爱情，是富贵故都的环境氛围足以造就理想色彩的局面，同时这美丽被形诸文学。

大小周后之父周宗，是南唐老臣，“宗娶继室，生二女，皆国色，继为国后”（马令《南唐书》卷一一）。周宗没有特别卓越的才能，为人非常吝啬，“赀产巨亿，俭啬愈甚，论者鄙之”，但深受南唐国主的恩宠，十分幸运。高祖宠信周宗，李璟亦尊重他。

元宗亲为摺幞头脚，以表殊礼。复出留守东都，请老，以司徒致仕，归金陵，冯延鲁代为留守。会周师陷广陵，延鲁自髡而逃，见执于周人，束缚桎梏，仅得免死。时人益以宗享福终始为异。俄而宗病卒，年七十馀，宋齐丘以太傅奉朝请，抚其棺哭曰："君大黠，来亦得时，去亦得时。"元宗闻之不平。（陆游《南唐书》卷五）

李后主词里写大周后的，大概是《玉楼春》：

晚妆初了明肌雪，春殿嫔娥鱼贯列。笙箫吹断水云间，重按霓裳歌遍彻。

临春谁更飘香屑，醉拍阑干情未切。归时休放烛花红，待踏马蹄清夜月。

词中所说《霓裳羽衣曲》，是大周后重新编曲，此词也许是描写李后主和大周后夜宴的情景，体现了南唐宫廷宴乐的富贵和艺术气息。

大周后，小字娥皇，和小周后在幼时都受到很好的文艺教育。大周后多才多艺，"通书史，善歌舞，尤工琵琶"，李璟曾赠她烧槽琵琶。"至于采戏弈棋，靡不妙绝。"（陆游《南唐书》卷一六）

大周后还设计了高髻纤裳和首翘鬓朵的发型和服饰（见图9），重编了《霓裳羽衣曲》，创制了《念家山》《邀醉舞》和《恨来迟破》等词曲。

唐之盛时，《霓裳羽衣》最为大曲。罹乱，瞽师旷职，其音遂绝。后主独得其谱。乐工曹生亦善琵琶，按谱粗得其声而未尽善也。后辄变易讹谬，颇去洼淫，繁手新音，清越可听……中书舍人徐铉闻《霓裳羽衣》曰："法曲终慢，而此声太急何耶？"曹生曰："其本实慢，而宫中有人易之，然非吉征也。"（马令《南唐书》卷六）

大周后十九岁归于李后主，比他大一岁，容貌、才艺都令其倾倒，成为古代宫廷历史上少有的受宠的皇后。基于爱情基础，他们在共同爱好的熏陶下过了十年神仙般的日子。

大周后端庄淑丽，“虽在妙龄，妇顺母仪，宛如老成”（马令《南唐书》卷六）。仿佛是命运安排，大周后早早病逝，在二十九岁的时候安详地离开了人世，“沐浴正衣妆，自内含玉，殂于瑶光殿之西室”。大周后留下了一段感悟幸福的道白：“婢子多幸，托质君门，冒宠乘华，凡十载矣。女子之荣，莫过于此。”

大周后的三个孩子都分外可爱，“后生三子，皆秀嶷，其季仲宣，慓宁清峻，后尤钟爱，自鞠视之”（马令《南唐书》卷六），却不幸夭折，让人无限怀念。

李后主对大周后极尽照顾，“朝夕视食，药非亲尝不进，衣不解带者累夕”。大周后去世后，“后主哀苦骨立，杖而后起”，“每于花朝月夕，无不伤怀”（马令《南唐书》卷六）。他亲制诔词赞扬大周后的美貌才德，其中浸透了真诚的怀念，是难得的，也用文字给我们留下了这位美丽皇后的神姿：“柔仪俊德，孤映鲜双。纤秾挺秀，婉娈开扬。艳不至冶，慧或无伤……茫茫独逝，舍我何乡……烟轻丽服，雪莹修容。纤眉范月，高髻凌风。”

李后主还写过很多悼念诗篇，如“又见桐花发旧枝，一楼烟雨暮凄凄。凭阑惆怅人谁会，不觉潸然泪眼低”（《感怀》），“失却烟花主，东君自不知。清香更何用，犹发去年枝”（《梅花》），意境十分凄美。

可惜，最后二人之间有小周后的插入。

或谓后寝疾，小周后已入宫中，后偶褰幔见之，惊曰：“汝何日来？”小周后尚幼，未知嫌疑，对曰：“既数日矣。”后恚怒，至死面不外向，故后主过哀，以揜其迹云。（陆游《南唐书》卷一六）

但是，过高地要求一个古代帝王和宫廷爱情的质量，是不切实际的。

大周后虽然青春短暂，但幸福地生，幸福地死，音容笑貌尚存人世，被人怀念。国人也爱戴这位美丽的皇后，“方是时，南唐虽去帝号，而其余制度尚未减损，如元宗之葬犹称皇帝，故昭惠虽谓之国后，而群臣国人皆称曰‘皇后’焉”（马令《南唐书》卷六）。

大周后死后葬于懿陵。《宋史·艺文志》记其有《击蒙小叶子格》一卷、《偏金叶子格》一卷、《小叶子例》一卷。《佩文斋书画谱》中，昭惠后附见帝王书后。

小周后是大周后的妹妹。她是在大周后病重时开始和李后主产生感情的。这又是一段彼此深深沉浸的感情。“昭惠后妹也……后少以戚里间入宫掖，圣尊后甚爱之，故立焉。”（陆游《南唐书》卷一六）

那时李后主有很多词记录了这件事。耐人寻味的是，从现存作品来看，李后主对大周后的感情，多表达于诗赋，而对小周后，则多表现在词。推想这在当时是一种普遍倾向，诗较庄严，词在它的发展前期娱乐性更强。一言以蔽之，这是大妇和小妇的区别，这一点李后主并未免俗。相关的词作如下：

菩萨蛮

花明月暗笼轻雾，今宵好向郎边去。刬袜步香阶，手提金缕鞋。

画堂南畔见，一晌偎人颤。奴为出来难，教君恣意怜。

一斛珠

晓妆初过，沈檀轻注些儿个。向人微露丁香颗。一曲清歌，暂引樱桃破。

罗袖裛残殷色可，杯深旋被香醪涴。绣床斜凭娇无那。烂嚼红茸，笑向檀郎唾。

作为大周后的妹妹，小周后显然更活泼姣美。幽会的兴奋，眼里的柔情，可爱的模样，别时的惆怅，是那样动人心魂。小周后的形象，据马令《南唐书》卷六记载，是“警敏有才思，神采端静”。

关于迎娶小周后的婚礼，朝堂上曾有过激烈的争辩。表面是按礼制，实质却显示了李后主的奢侈之心。李后主想奢侈，对小周后的疼爱是重要原因。而李后主与小周后感情的非庄重性质，以及民间观者之众，倒是透露出某些自由信息。所谓“四海未知春色至，今宵先入九重城”（徐铉《纳后夕侍宴》）。

李后主对小周后无疑是非常宠爱的，甚至超过了她的姐姐。他们的生活又是那么浪漫。

李煜伪长秋周氏，居柔仪殿，有主香宫女。其焚香之器曰把子莲、三云凤、折腰狮子、小三神、卍字金、凤口罂、玉太古、容华鼎，凡数十种。金玉为之。（《清异录》卷下）

被宠过于昭惠，时后主于群花间作亭，雕镂华丽，而极迫小，仅容二人，每与后酣饮其中。（陆游《南唐书》卷一六）

南唐亡国后，小周后“从后主北迁，封郑国夫人，太平兴国二年，后主殂，后悲哀不自胜，亦卒”（陆游《南唐书》卷一六）。

入宋后小周后与李后主的感情颇可怀疑。她是一个富贵环境长大的不经世事的女孩儿，没有亡国前，李后主拥有王位和骄傲，这会吸引她。但是亡国之后，李后主境遇非常难堪，在这种情况下，习惯于娇贵的小周后大概不会懂得同甘共苦。史载宋太宗常召小周后入宫侍宴，她回家后就对李后主哭闹，“每一入辄数日而出，必大泣骂后主，声闻于外，后主多宛转避之”（《默记》卷下）。

说小周后不能和李后主共患难是有根据的。李后主亡国后，极度痛苦，写了多篇流传百世的词，而在这些词里，原先深爱的小周后，竟再也没有出现。

诸如“高楼谁与上，长记秋晴望。往事已成空，还如一梦中”（《菩萨蛮》），还有“独自莫凭栏”（《浪淘沙》），“无言独上西楼”（《乌夜啼》），这样深刻的孤独之感，正说明他们的感情发生了裂变。

大周后嫁给李后主是在他即位前，婚后夫妻恩爱得之无意之中，故而深感幸福，百般珍惜。然而李后主不是圣人，当大周后青春逝去，失宠的迹象在她病重的时候露出端倪。假如大周后不死，大概最终也难逃失宠的结局。而她在二十九岁的时候端庄地死去，给后人留下了一个近乎完美的形象，给李后主留下了无限的伤感和怀念。

小周后和李后主的感情，一开始在很大程度上是受地位的吸引，李后主的魅力除了相貌温雅、才华横溢，有相当一部分来自国主身份。婚后的幸福是富贵生活和小周后美貌活泼的叠加。一旦遭遇亡国这般翻天覆地的变化，宫廷爱情的生命力就愈显脆弱了。最后，应该是小周后冷落了李后主。这是李后主的又一不幸，而小周后也难免因此而经历沧桑。

李后主和大小周后的爱情，是宫廷里发生过的美好的两段感情。但因为属于宫廷爱情，又发生在富贵故都，所以它们非常脆弱。一旦条件起了变化，身为帝后的主人公也难脱尘性，毁灭曾经珍惜的美丽。

李后主宫女

南唐宫女的宫廷生活显示出奢靡的特点。宋田况《儒林公议》记载：“马亮尚书典金陵，于牙城艮隅掘地，得汞数百斤，鬻之以备供张。其地乃伪国德昌宫遗址，铅华之所积也。”而宋祝穆《方舆胜览》记载：“本朝修李氏宫，掘地得水银数十斛，宫娥弃粉腻所积也。”

宫廷生活还有精致的特点。《清异录》记载：“江南晚季，建阳进茶油花子，大小形制各别，极可爱，宫嫔缕金于面。皆以淡妆，以此花饼施于额上，时号‘北苑妆’。”（见图9）

除了大小周后，李后主后宫中颇有些出色的宫女。夏承焘《南唐二主年谱》说：“（李）后主后宫今可考者，黄保仪外有流珠、乔氏、庆奴、薛九、宜爱、意可、窅娘、秋水、小花蕊诸人。连记如后，以见后主宫禁女宠之盛。”

宫人黄保仪最为著名。马令《南唐书》卷六记载：“黄氏服勤，降体以事小周，故同时美女率多遇害，而黄氏独不遭谴，以其事之尽也。”

宫人窅娘小足，善舞。宋周密《浩然斋雅谈》卷中记载：“李后主宫嫔窅娘，纤丽善舞。后主作金莲，高六尺，饰以宝物、组带、缨络，莲中作五色瑞云，令窅娘以帛绕脚，令纤小，屈上作新月状，素袜舞《云中曲》，有凌云之态。唐镐诗曰：‘莲中花更好，云里月长新。’是人皆效之，以弓纤为妙，盖亦有所自也。又有《金莲步》诗云：‘金陵佳丽不虚传，浦浦荷花水上仙。未曾与民同乐意，却于宫里看金莲。’”

宫人流珠擅长弹琵琶。陆游《南唐书》卷一六记载：“又有宫人流珠者，性通慧，工琵琶。后主演《念家山破》，及昭惠后所作《邀醉舞》《恨来迟》二破，久而忘之。后主追念昭惠，问左右，无知者。流珠独能追忆，无所忘失，后主大喜。后不知所终。”

宫人乔氏重情义。《默记》卷中记载：“李后主手书金字《心经》一卷，赐其宫人乔氏。后入太宗禁中。闻后主薨，自内廷出其经，舍在相国寺西塔院资荐。且自书于后，曰：‘故李氏国主、宫人乔氏，伏遇国主百日，谨舍昔时赐妾所书《般若心经》一卷在相国寺西塔院，伏愿弥勒尊前持一花而见佛云云。’其后江南僧持归故国，置之天禧寺塔相轮中。寺后失火，相轮自火中堕落而经不损，为金陵守王君玉所得。君玉卒，子孙不能保之，以归宁凤子仪家。乔氏所书在经后，字极整洁，而词甚凄惋，

窅娘画像

所记止此。徐锴集南唐制诰，有宫人乔氏出家诰，岂斯人也。”

宫人庆奴很有风情。“江南李后主尝于黄罗扇上书赐宫人庆奴，云：‘风情渐老见春羞，到处消魂感旧游。多谢长条似相识，强垂烟态拂人头。’想见其风流也。扇至今传在贵人家。”（宋张邦基《墨庄漫录》卷二）

宫人薛九善歌舞。宋王铚《补侍儿小名录》：“薛九，江南富家子，得侍宫中，善歌《嵇康》。《嵇康》，江南曲名也。学舞于钟离氏。建业破，零落于江北，予遇于洛阳福善坊赵春舍。饮酣，于是歌《嵇康》，其词即后主所制焉，尝感激坐人皆泣。春举酒请舞，谢曰：‘老矣。腰腕衰硬，无复旧态。’乃强起小舞，终曲而罢。”

宫人宜爱得名与香有关。宋叶廷珪《海录碎事》记载：“意可香初名宜爱，或云此江南宫中香，有美人字曰宜爱，此香故名。宜爱，山谷曰‘香殊不凡而名，乃有脂粉气’，易名曰‘意可’。”

宫人秋水和小花蕊也榜上有名。“秋水喜簪异花，芳香拂鬓，常有蝶绕其上，扑之不去”（《十国春秋》卷一八），“有南唐宫人，雅能诗，归宋后，目为‘小花蕊’”（《十国春秋》卷五〇）。

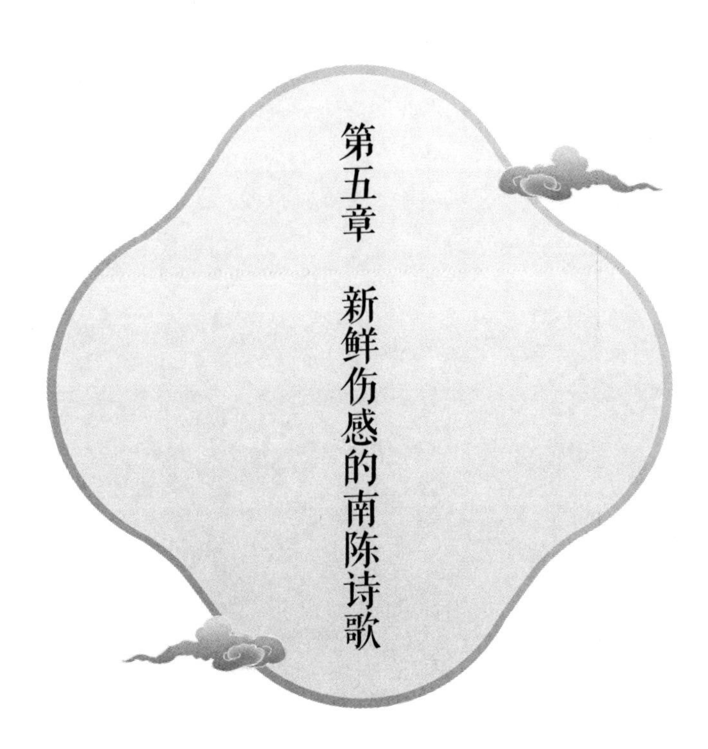

第五章　新鲜伤感的南陈诗歌

陈末是个敏感的时刻。从诗歌来看，改朝换代的悲感并没有爆发大的恐惧，也许这和当时儒家传统观念的衰落有关。相反地，诗歌敏感地感受着未知和已知的世界，看起来似乎从某种程度上对即来命运致以某种迎接的姿态。虽然新鲜，这份温室的美丽却又非常脆弱。陈末诗歌的特质应该是新鲜和伤感，前者甚于后者。

女性和春天的主题

陈末诗歌的重要主题是女性和春天。它们本身对于诗歌来说并不特别新鲜，但是富贵故都的敏感心灵对美丽的细致感悟呈现新鲜境界。也许，对于一颗百无聊赖、追求诗意，尤其又相对单纯的心灵来说，这世上的所有景致，无论是想象的还是真实的，都会呈现出鲜活的姿态。关于女性和春天的主题，突出地表现在陈后主的诗里，在江总和徐陵那里也有所流露。

先看景物诗。

陈后主青年时的东宫文会生活培养了他对艺术的偏爱和敏感。他的写景诗文，虽有时由于技巧不完美显得矫揉造作，如《五言画堂良夜履长在节歌管赋诗迺筵命酒十韵成篇》，但同时可以说佳篇迭出。

陈后主的玄圃文会诗作中，写于立春的《献岁立春光风具美泛舟玄圃各赋六韵》，很好地感受了初春的清新明亮，诗境欢快。写于上巳的《上巳宴丽晖殿各赋一字十韵》《上巳玄圃宣猷堂禊饮同共八韵》《祓禊泛舟春日玄圃各赋七韵》，则着意刻画春色的秾丽之美。作于七夕的《七夕宴玄圃各赋五韵》刻画七夕的清凉和诗人的遐思，细致动人。还有《宴詹事陆缮省》刻画春深的浓荫和满绽的花朵，《晚宴文思殿》写夏天夜晚的凉爽，荷影、萤光、池浪、云色，都很有境界。但总的来说，虽是良辰美景，可能因为文会之作对诗歌形式的拘谨，有一种不是非常流丽的缺点。反倒是骈文《夜亭度雁赋》和《与江总书悼陆瑜》，声律方面的拘谨小些，同样的景物却描写得更动人传神。

玄圃本已很大，但比起广大的世界它是有局限的。陈后主对艺术的需求和他的敏感想象力，常常驰骋到乐府这一类虚构的题材中。有可能想象的空间相较于实景更容易发挥头脑中沉淀的优美，陈后主的一些景物乐府也更流丽传神。如《三洲歌》写初春江上的绮丽美景，异常清新。又如《巫山高》，传神地表现了神女的飘忽和巫山具有的荒野气氛：

巫山巫峡深，峭壁耸春林。
风岩朝蕊落，雾岭晚猿吟。
云来足荐枕，雨过非感琴。
仙姬将夜月，度影自浮沉。

还有很多诗歌纯属想象的境界，如《估客乐》：

三江结俦侣，万里不辞遥。
恒随鹢首舫，屡逐鸡鸣潮。

陈后主本人无疑并未体验过这种生活，但诗中充满江上商客生活的活力。又如《洛阳道》之四：

百尺瞰金埒，九衢通玉堂。

柳花尘里暗，槐色露中光。
游侠幽并客，当垆京兆妆。
向夕风烟晚，金羁满洛阳。

这里充满了对洛阳都城繁华的想象，热闹富贵的气息很令人神往。陈后主也通过这一类虚构乐府打开心灵的窗户。又如《长安道》：

建章通未央，长乐属明光。
大道移甲第，甲第玉为堂。
游荡新丰里，戏马渭桥傍。
当垆晚留客，夜夜苦红妆。

和上面一首诗差不多，因为诗人自己神往好奇，所以诗中景物神采斐然，再一次证明了他的艺术敏感。

陈后主还会涉猎对于他更遥远的题材，那便是边塞乐府。如《紫骝马》之一：

嫖姚紫塞归，蹀躞红尘飞。
玉珂鸣广路，金络耀晨辉。
盖转时移影，香动屡惊衣。
禁门犹未闭，连骑恣相追。

这紫骝马依然神气，只是修饰精心，含香粉气，本来就是想象的产物。

又如《陇头》：

陇头征戍客，寒多不识春。
惊风起嘶马，苦雾杂飞尘。
投钱积石水，敛辔交河津。
四面夕冰合，万里望佳人。

此诗居然写出点儿边塞的苦寒，而佳人的出现又是一缕温柔，调和了整首诗的色泽，令人向往。

又如《陇头水》之一：

塞外飞蓬征，陇头流水鸣。
漠处扬沙暗，波中燥叶轻。
地风冰易厚，寒深溜转清。
登山一回顾，幽咽动边情。

和上首《陇头》差不多，作者在心灵里神往一个完全不同于江南的世界，神色宛然。最后的一抹温柔边情依然给诗的气氛增加了柔质。清新旖旎，这是江南陈后主最明显的色彩。

相对于文会中的园林实景写作操练，陈后主把更多笔墨投入想象的世界，并在里面发现了自己的精神，以近乎完美的技巧描画出来。这成了他一首首传神的景物乐府。

江总的景物诗并不偏重在春天，然而最具新鲜特点的，还是描写春天的诗作，如《梅花落》：

腊月正月早惊春，众花未发梅花新。
可怜芬芳临玉台，朝攀晚折还复开。
长安少年多轻薄，两两共唱梅花落。

满酌金卮催玉柱，落梅树下宜歌舞。
金谷万株连绮甍，梅花密处藏娇莺。
桃李佳人欲相照，摘叶牵花来并笑。
杨柳条青楼上轻，梅花色白雪中明。
横笛短箫悽复切，谁知柏梁声不绝。

春光乍到之时，落梅雪白的色泽鲜明。然而最新鲜的是这首诗的主题。在诗中，落梅代表人生美丽的短暂和悲哀，同时，梅花的明丽代表人生美好，是诗的关键词。金杯玉柱象征富贵，轻薄歌唱代表了伤感和珍惜。面对美丽的脆弱衰颓，富贵敏感的生命选择了接受珍惜。江总的这种态度，应该是这个时代这个地方的智慧代表，其诗比陈后主和徐陵的同类诗都更通脱。

同样徐陵亦不专写春天，可是说到新鲜，还是要提到他有关春天的诗：

春情

风光今旦动，雪色故年残。
薄夜迎新节，当垆却晚寒。
奇香分细雾，石炭捣轻纨。
竹叶裁衣带，梅花奠酒盘。
年芳袖里出，春色黛中安。
欲知迷下蔡，先将过上兰。

这大概是一首咏春节的诗。春天踩着轻快的步履，带着扑鼻的清香来到。“下蔡”是名都，梁代改名为“汴城”；“上兰”是长安上林苑的宫观。徐陵是东海人，在这里很快乐地提到这两个北方地名，颇有“直把杭州作汴州”的意味。确实，春节的金陵特色鲜明，风格华丽，熏香是

“细雾”，捣衣是“轻纨”，衣带裁成竹叶状，酒是梅花酒，袖里飘出年芳，眉黛中透露出安宁。这份精致是金陵特有的经济生活熏陶出来的，也是从前北方都城缺乏的。

牵涉艳情，又如何呢？陈后主对艳情乐府依然倾注了浓厚的兴致。写得做作的诗也是有的，比如《采莲曲》细致地刻画女子的着装姿态，格律上也显得更刻意，颇有“梁宫体”余绪之嫌。但更多的是佳篇，如闺怨和咏物结合的《折杨柳》之一：

杨柳动春情，倡园妾屡惊。
入楼含粉色，依风杂管声。
武昌识新种，官渡有残生。
还将出塞曲，仍共胡笳鸣。

整首诗的思念基调，依约有了美感。又如《梅花落》等诗，虽有细致咏物的痕迹，但同样也具有花面交相映的韵致。

其纯粹相思的题材，如《有所思》之一：

荡子好兰期，留人独自思。
落花同泪脸，初月似愁眉。
阶前看草蔓，窗中对网丝。
不言千里别，复是三春时。

和景物诗不同的是，陈后主在艳情题材中，并不因为自己对它太熟悉而失却热情和好奇；相反，他由衷地在这上面倾注许多心思。诗中虽还有些做作的痕迹，但富贵女孩儿的相思已经惟妙惟肖。

下面几首，虽仍是乐府，描画的大概是陈后主的真实生活环境。和景物诗相反的是，在艳情题材里，离陈后主更近距离的生活内容，可能因为深深沉迷，而表达得越发光彩焕发，以至如梦似幻。先看《前有一樽酒行》：

殿高丝吹满，日落绮罗鲜。
莫论朝漏促，倾卮待夕筵。

它的题材有些边缘化，姑且放到这里。绮罗的光鲜，时光的迫促，倾杯筵饮，神情跃跃欲出。在这里我们不禁要惊叹作者陈后主的艺术才华和敏感。清陈祚明《采菽堂古诗选》评陈后主诗说：“后主诗才情飘逸，态度便妍，故是一时之隽。”又说：“后主诗如春花始开色鲜，故贵。纵揉取片萼，亦自淹蔚。如徐生为容，顾步登降，事事修饰，望之嫣然。然未达礼意。”明陆时雍《古诗镜》说陈后主诗“妆裹丰余，精神悴尽”。

评论虽不可避免地和历史上的其人联系起来，然而针对陈后主诗的内容、风格等方面，如“才情飘逸”“春花始开色鲜”“望之嫣然”等句，允称精当。这是一种新鲜的神态。至于精神悴尽，所存者绮罗粉黛，是隔靴搔痒，还是切中要害，读者的理解由于偏重的层次不同，所见必然会是多棱镜。

陈后主艳情诗极为光彩绮丽，又流露悲感。这种艳和悲的对照，也予人以某种新的感觉。如《东飞伯劳歌》：

池侧鸳鸯春日莺，绿珠绛树相逢迎。
谁家佳丽过淇上，翠钗绮袖波中漾。
雕轩绣户花恒发，珠帘玉砌移明月。
年时二七犹未笄，转顾流眄鬟鬓低。
风飞蕊落将何故，可惜可怜空掷度。

以流丽的咏叹表现女孩儿的佳美亮丽，抒发惜春的情怀。这类诗和梁宫体诗的直白无聊刻画很不相同。

徐陵现存诗有限，艳情诗更不多。虽也是程式化的内容，感情还是有依约的神采。代表作《奉和咏舞》：

十五属平阳，因来入建章。
主家能教舞，城中巧画妆。
低鬟向绮席，举袖拂花黄。
烛送空回影，衫传篋里香。
当由好留客，故作舞衣长。

此诗作于梁代，表达青年徐陵风华正茂的神情。其中有些姿势的刻画，但同时亦有情韵。因为是他擅长而且写得多的，那种潇洒流丽之态就更突出了。特别的欣赏心情，导致陈末诗歌在内容、主题和风格方面独具特色，显露新鲜的色彩。

流丽婉转的音律特色

陈诗佳者多是描写艳情春景，又出于格律技巧接近成熟的时期，因而形成流丽婉转的风格。这些诗音乐感很强。

陈后主的这首艳情诗就不错。

听筝

文窗玳瑁影婵娟。香帷翡翠出神仙。
促柱点唇莺欲语。调弦系爪雁相连。

秦声本自杨家解。吴歈那知谢傅怜。

秖愁芳夜促。兰膏无那煎。

此诗虽然不是乐府，也不是格律诗，但是节奏感很强，七言和五言的杂言，前面促柱繁弦，极尽渲染之力，最后戛然而止。其节奏很好地配合了末世寻欢的焦灼感，使表达很有神采，体现了诗歌音律在感情表达上的作用。

又如徐陵的《梅花落》：

对户一株梅，新花落故栽。

燕拾还莲井，风吹上镜台。

娼家怨思妾，楼上独徘徊。

啼看竹叶锦，簪罢未能裁。

此诗隐然有格律诗的风采了。也因此，女子的怨与思在落梅的陪伴下，显得格外柔媚动人。

而最能体现陈末诗歌音律流丽婉转特色的应是江总的诗作，因为它们更偏于阴柔气质，也更富美感。江总最大的魅力在于文采。《续修四库全书提要》曰："禀性和柔，文心妍秀。""秀"和"柔"也是南方富贵生活造就的。江总最有名气的是艳情诗，有五言、杂言和七言。

先看五言。江总这类诗有点类似陈后主，不过陈后主诗近于一种清新的妩媚，江总则更多流宕。这无疑也显示出近体诗技巧接近成熟的效果。

洛阳道·之一

德阳穿洛水，伊阙迩河桥。

仙舟李膺棹，小马王戎镳。

杏堂歌吹合，槐路风尘饶。

绿珠含泪舞，孙秀强相邀。

此诗虽然有点悲剧色彩，也仿佛只是点缀。实际上，它使你感到繁华的日子是多么美好，寻芳逐艳是如何令人流连。

程式化的内容产生美感，在此和格律应有必然联系。例如《长安道》：

翠盖承轻雾，金羁照落晖。

五侯新拜罢，七贵早朝归。

轰轰紫陌上，蔼蔼红尘飞。

日暮延平客，风花拂舞衣。

虽然是对都市的流连，却有繁花似锦的效果和流畅之势。

又如《梅花落》：

缥色动风香，罗生枝已长。

妖姬坠马髻，未插江南珰。

转袖花纷落，春衣共有芳。

羞作秋胡妇，独采城南桑。

读者在这里可以体会到整体上梅花纷纷飘落的那种明艳流荡之美，虽然诗的最后一联稍显不足。

真正的艳情诗如：

和衡阳殿下高楼看妓

起楼侵碧汉，初日照红妆。

弦心艳卓女，曲误动周郎。
并歌时转黛，息舞暂分香。
挂缨银烛下，莫笑玉钗长。

艳情在这里是很让人喜爱的。应该承认，江总这类诗的情味超过了陈后主，大概主要因为形式上的特点。江总写得最好的大约是七言诗，而七言中最好的还是前面引过的《梅花落》(腊月正月早惊春)，形式流丽，表达了诗人的温柔情感。又如《杂曲》之一：

行行春径蘼芜绿，织素那复解琴心。
乍惬南阶悲绿草，谁堪东陌怨黄金。
红颜素月俱三五，夫婿何在今追虏。
关山陇月春雪冰，谁见人啼花照户。

还是应景而作，没有什么深情，但是读来流丽动人，流露的莫名悲哀也让人伤感。七言形式相较而言确实更适合这种流丽的气质。格律技巧的成熟给陈末诗歌带来更多的神采美感，也增添了新鲜的境界。

伤感的特质

伤感的特质来自那个特定的时间和那些诗人的特殊处境，那是一分脆弱的伤愁。它在陈后主的几首艳情诗中存在，如《歌》："玉树后庭花，花开不复久。"

似乎由华美花期的短暂，感受到整个朝代的没落和灭亡。而面对命运，只是哀叹，没有挣扎。又如"璧月夜夜满，琼树朝朝新"(《歌》)，仍是极敏感的断章，仿佛脆弱得会彻底碎掉。

又如前面引过的《听筝》，急管繁弦的杂言似乎怀着痛失的永恒苦痛。陈后主在其他方面看似愚昧，对亡国没有体现出的敏感，似乎都存在于点滴的潜意识，而在他的这些诗中体现出来。

陈后主和江总的景物诗文中也体现出伤感情绪。如陈后主《题江总所撰孙玚墓志铭后四十字》："秋风动竹，烟水惊波。几人樵径，何处山阿？今时日月，宿昔绮罗。天长路远，地久云多。功臣未勒，此意如何？"片时的绮丽和永恒的荒凉残酷地对照着。平日的生活里大概可以对酒欢笑，对生生死死麻木不仁，而在艺术里，残酷亦可转化为生生世世的美丽永存。

江总的景物诗很深沉，其中的伤感特质表达明显。如"水苔宜溜色，山樱助落晖。浴鸟沉还戏，飘花度不归"（《春日》），还是有几许艳丽色泽的，然丝毫不轻浮，只是一片幽静。

江总还有些写景的句子，要比篇章漂亮。毕竟那是一段格律在实践中接近成熟的时间，全篇的完美无瑕有时还做不到。

野静重阴阔，淮秋水气凉。（《秋日侍宴娄苑湖应诏》）

野火初烟细，新月半轮空。（《秋日登广州城南楼》）

岸绿开河柳，池红照海榴。（《山庭春日》）

野花不识采，旅竹本无行。（《侍宴瑶泉殿》）

池寒稍下雁，木落久无蝉。露浸山扉月，霜开石路烟。（《赠洗马袁朗别》）

单看句子已经非常精彩，不亚于唐诗佳者，所不同者在于有些凉气。正如陈祚明《采菽堂古诗选》所言："江总持诗如梧桐秋月，金井绿荫之间，自饶凉气。"这应该是时代和环境造就的吧。

另外，江总入隋后南返时写的《于长安归还扬州九月九日行薇山亭赋韵》诗“心逐南云逝，形随北雁来。故乡篱下菊，今日几花开”，感情深挚；《南还寻草市宅》诗“花落空难遍，莺啼静易喧”，有种经历沧桑的大悲哀，“情境悲切”（清陈祚明《采菽堂古诗选》），然仍是南方风土感受，即所谓“沉雅”（清戴明说《历代诗家》）。这个草市宅曾是他在青溪的豪宅“江令宅”，是很幽静的私密空间。在当时他写过很多关于自己宅院的诗，最优美的还是《夏日还山庭》：“涧渍长低篠，池开半卷荷。野花朝暝落，盘根岁月多。”描写了一片沉静，不同于徐陵山斋的优雅。作者只是静静地品味自然界的花开花落，不如盛唐王维辋川诗凝练，但多了些许伤感情调。

陈末诗歌的伤感情绪，突出地表现在有关宗教景物的题材里。比如令人难以置信的是陈后主有两三篇异乎寻常的深沉的诗文。在《同江仆射游摄山栖霞寺》里，江总的深沉居然成功地感染了追欢逐艳的轻浮的陈后主，乃是因为在心灵的最深处，实则有着绝世之人的大痛。因为他是一个敏感的诗人。

而江总诗文的幽深之处，更是明显表现在面对佛教境界时。梁末他流落会稽龙华寺，写《修心赋序》曰：“聊与苦节名僧，同销日月，晓脩经戒，夕览图书，寝处风云，凭栖水月。不意华戎莫辨，朝市倾沦，以此伤情，情可知矣。”赋曰：“山条偃蹇，水叶浸淫，挂猿朝落，饥鼯夜吟。果丛药苑，桃蹊橘林，捎云拂日，结暗生阴。”虽也是山中风景，颇具美感，却宗教气氛浓厚。在这里，景物是那么暗淡，甚至凄凉，表达出一种超脱尘世的大悲哀。

在江总诗里，有时候宗教气息是明白表达的，如：“净心抱冰雪，暮齿逼桑榆。太息波川迅，悲哉人世拘。岁华皆采穫，冬晚共严枯。”（《入摄山栖霞寺》）

直接表达博大的悲感，有时这种意味和景物分不开：“永夜留连，栖神悚听。但交臂不停，薪指俄谢。”（《入摄山栖霞寺诗序》）

大自然的声音表达原生原灭。更多的时候，表面上只出现景物，但读者可以感知作者的深沉：

缺碑横古隧，盘木卧荒涂。(《入摄山栖霞寺》)

荷衣步林泉，麦气凉昏晓。(《游摄山栖霞寺》)

石涧水流静，山窗叶去寒。(《摄山栖霞寺山房夜坐简徐祭酒周尚书并同游群彦》)

蒙茏出檐桂，散漫绕窗云。(《庚寅年二月十二日游虎丘山精舍》)

山阶步皎月，涧户听凉蝉。市朝沾草露，淮海作桑田。(《明庆寺》)

风窗穿石窦，月牖拂霜松。暗谷留征鸟，空林彻夜钟。阴崖未辨色，叠树岂知重。(《入龙丘岩精舍》)

凄寒的景物里，浸透了喟叹的心声。而全篇境界精彩，如《营涅槃忏还涂作》：

可否同一贯，生死亦一条。
况期灭尽者，岂是俗中要。
人道离群怆，冥期出世遥。
留连入涧曲，宿昔陟岩椒。
石溜冰便断，松霜日自销。
向崖云叆叇，出谷雾飘飖。
勿言无大隐，归来即市朝。

敏感于末世的大伤感、一石一木表达的意味、惺惺相惜般的自我安慰。这里不以辞藻华美取胜，而是以其深沉让你的心静下来。

陈后主和江总写于佛寺环境的诗文，深沉的意味让人神往沉浸，同时也代表了宗教境界与文字结合的情景交融倾向。这种宗教境界在之前的诗文里并没有集中出现过。而且这是处于格律趋于完美的时代，宗教悲感得到了很好的诗意传达。同时，人为的景观越来越多，显示了人与自然的融合。这也促成宗教悲情境界中情景交融的表达。当然，这里的表达有的还只在片段，未及全篇，情景交融的宗教境界在盛唐王维等人的诗里达到了高峰。

江总、徐陵的一些和北方相关的诗歌，一反婉转温柔的风格，非常豪放深沉。如江总的《同庾信答林法师》：

客行七十岁，岁暮远徂征。
塞云凝不解，陇水冻无声。
君看日远近，为忖长安城。

江总写此诗时三十岁的样子，诗句已如此老成持重，让人难以想象。阅历使然，他的这一类风格的诗比周围人多。它不仅丰富了诗人自己，也丰富了南朝诗风，并促进南北风格交融。

遇长安使寄裴尚书

传闻合浦叶，远向洛阳飞。
北风尚嘶马，南冠独不归。
去云目徒送，离琴手自挥。
秋蓬失处所，春草屡芳菲。
太息关山月，风尘客子衣。

和上首诗一样，一些北方风格的景物出现，比如洛阳、北风、嘶马、关山，但多了和南土风物的对照，豪放中稍带柔情，总体依然深沉。

别袁昌州·之一

河梁望陇头，分手路悠悠。
徂年若惊电，别日欲成秋。
黄鹄飞飞远，青山去去愁。
不言云雨散，更似东西流。

这首诗作于入隋后。人生的悲欢离合，光景如电，更多的还有经历过的沧桑和时代的悲哀，一时都变成凝重的文字，真所谓“一往悲长”（清陈祚明《采菽堂古诗选》）。

徐陵这类诗也一脱南朝的绮丽之风，变得深沉。如《秋日别庾正员》，还有《别毛永嘉》：

愿子厉风规，归来振羽仪。
嗟余今老病，此别空长离。
白马君来哭，黄泉我讵知。
徒劳脱宝剑，空挂陇头枝。

这是徐陵七十七岁卒年所作，和他的大多数诗比起来，伤老伤离，好像变了一个人，诗风更加老到。

总之，陈末诗歌的伤感特质很明显，它在艳情诗、景物诗、宗教境界诗，以及与北朝往来的诗歌里，都有不同的突出表现。

南陈诗体文体兴衰

诗体文体方面，有些旧的东西发展到顶峰而走向消歇，有些新的质素萌芽。其中最显著的表现是近体诗的接近成熟。这一方面是由于文学本身的发展规律，另一方面则是富贵末世时代环境的激发。其中诗文技巧的发展是关键因素。

首先是宫体诗。宫体诗特征在陈代的存在是不明显的，至少和梁代宫体风格不同。人们对陈代诗歌的宫体概念大概源自史书上对陈后主"狎客"文艺生活方式的记录。实际上，也许真有那些宫体诗，但并没有流传下来，也许陈代宫体只是后来人的推测。从陈后主、江总等人的现存诗来看，至少宫体不是显著特征，且徐陵的宫体诗大多作于梁代。梁代宫体诗对女性姿态无聊做作的描述，在陈末诗歌中基本上是没有的。取而换之，陈末艳情诗更注重神采，从某种程度上构成唯美境界。造成这种现象的原因，第一要归于诗歌实践的成果，使诗歌美感由形而神；第二要归于那个时代造就的诗歌敏感气质，具体来说，是对美的发现和珍惜。

陈后主最著名的艳情诗无疑是前文引用过的《玉树后庭花》。人们想象陈后主"狎客"的荒淫生活方式时，直接联想到的场面就是诗中的描述吧。它和临春、结绮、望仙三阁一起，构成了温柔富贵故都的末世剪影。

同时不应忽视的是陈后主描画这绝世场面的卓越艺术敏感力。虽然它也是艳情诗，气息不是很健康，但重点在神采，和梁代萧纲等人的同类诗作毕竟不一样。

《闺怨篇》可以算作江总艳情诗的代表：

闺怨篇

寂寂青楼大道边，纷纷白雪绮窗前。

池上鸳鸯不独自，帐中苏合还空然。

屏风有意障明月，灯火无情照独眠。

辽西水冻春应少，蓟北鸿来路几千。

愿君关山及早度，念妾桃李片时妍。

此诗气韵流荡动人，其华丽的感伤情调，对人生脆弱的敏感，读来令人落泪。钟惺《古诗归》曰："'片时妍'三字，薄人下泪。"像这样的诗，就和宫体概念截然有别了。

徐陵的艳情代表作应该是前面引过的《奉和咏舞诗》，作于梁代，突出的是潇洒流丽之态，和梁代多数同类诗作仍然是不一样的。陈末艳情诗，至少和梁代宫体诗有着完全不同的风格和水平。

其次是近体诗。它在此刻接近成熟，引领隋唐风气，是盛唐诗歌高峰的预备。这在很大程度上归功于君臣文会对诗艺的普遍切磋和练习。有些诗基本上合律，非常接近近体诗概念。比如陈后主的诗。

有所思·之二

杳杳与人期，遥遥有所思。

山川千里间，风月两边时。

相对春那剧，相望景偏迟。

当由分别久，梦来还自疑。

此诗除了个别处，基本合乎近体诗的对偶、押韵和平仄要求，表达也确实做到了流丽婉转，特别是颔联的"时"字，用得很妙。前人对此也有过评论。又如前面引过的江总《和衡阳殿下高楼看妓》也基本合律，且有流丽妩媚之态。类似的合律之作还有不少。而在这方面，以擅长规整雅致的徐陵表现最为突出。

徐陵可考时间的诗作大多作于梁代。可能梁代动乱之后一直到徐陵晚年，都相对缺乏适宜的环境和心情去表现得风度翩翩。这决定了他的诗歌是沉浸于富贵悠闲生活的产物。可见诗歌形式的发展和当时经济生活的必然联系。确切地说，这些诗风格优雅精致，流丽多姿。如果不是精品，就很矫揉造作，像后文要引的《奉和山池》和《山池应令》等。徐陵最有代表性的诗应该是《山斋》，写置身园林的悠闲自在，格律精美，情调高雅。后文也会引到。另外，还有《关山月》之一：

关山三五月，客子忆秦川。
思妇高楼上，当窗应未眠。
星旗映疏勒，云阵上祁连。
战气今如此，从军复几年。

这种有关边塞的乐府纯属虚构，徐陵写来技巧娴熟，意象繁复而用语简练，读来朗朗。“徐陵之作如鱼油龙罽列堞，明霞辉燿，丰茸之采溢目，非顿载之室，讵得见此。”(《说郛》卷八十）诚斯言也。而同时又不脱顾盼之间的流丽之姿。“徐孝穆诗其佳者，如五陵年少，走马花间，纵送自如，回身流盼，都复可人。”(宋佚名《竹林诗评》）这样的效果无疑是格律成熟的功劳，是一首近于“风华老练”的完美之作。

徐陵有些和北方有关的唱和诗，如《秋日别庾正员》和《别毛永嘉》，形式上也体现出风华老练，技巧老到。

徐陵的诗歌技巧达到了某种高峰，五言诗形式比较完美。王夫之《船山古诗评选》云徐陵诗如“春晴始旦”，其排律“纯朗”。其格律诗蕴藏着影响大唐盛世诗歌的生命力。

在陈末，除了五言格律诗的成熟之外，七言诗也有了发展。陈后主尝试过杂言和七言形式。如著名的《玉树后庭花》是七言，《东飞伯劳歌》也是七言，《听筝》是杂言。其他如《长相思》之二也是杂言：“长相思，怨成悲。蝶萦草，树连丝。庭花飘散飞入帷。帷中看只影，对镜敛双眉。

两见同望月，两别共春时。”文字像飘起来，女孩神态嫣然，很美。

又有七言《乌栖曲》之一：“陌头新花历乱生，叶里啼鸟送春情。长安游侠无数伴，白马骊珂路中满。”此诗展现长安少年的寻芳意态，带花含情。王夫之《古诗评选》云：“都不言情，关情已至。”

江总大量写作七言诗。《陈书》本传言“善五言七言诗”，他应该是史传中提到善于写七言诗的第一人。之前也有人写，但是不像江总数量这么多，写得这么好。例如《乌栖曲》：“桃花春水木兰桡，金羁翠盖聚河桥。陇西上计应行去，城南美人啼着曙。”七言音节较五言要丰富流荡，更适合长篇铺展，但这四句也别有韵味。

又如《宛转歌》：

七夕天河白露明，八月涛水秋风惊。
楼中恒闻哀响曲，塘上复有辛苦行。
不解何意悲秋气，直置无秋悲自生。
不怨前阶促织鸣，偏愁别路捣衣声。
别燕差池自有返，离蝉寂寞讵含情。
云聚怀清四望台，月冷相思九重观。
欲题芍药诗不成，来采芙蓉花已散。
金樽送曲韩娥起，玉柱调弦楚妃叹。
翠眉结恨不复开，宝鬓迎秋度前乱。
湘妃拭泪洒贞筠，筴药浣衣何处人。
步步香飞金薄履，盈盈扇掩珊瑚唇。
已言采桑期陌上，复能解佩就江滨。
竞入华堂要花枕，争开羽帐奉华茵。
不惜独眠前下钓，欲许便作后来薪。
后来暝暝同玉床，可怜颜色无比方。

谁能巧笑特窥井，乍取新声学绕梁。
宿处留娇堕黄珥，镜前含笑弄明珰。
蘼芜摘心心不尽，茱萸折叶叶更芳。
已闻能歌洞箫赋，讵是故爱邯郸倡。

谭献云：“陈之诗荡而不反矣，江总其人也靡，其言也哀而挚。”（《复堂类集》）江总的心是柔软的，也是敏感的，对美丽珍惜，也产生了挚情的吟唱。而重要的，还有他选择了七言铺陈的吟唱形式，直接导致流荡的风格。

还有《杂曲》之一，读来流丽动人。《东飞伯劳歌》除了流丽，更是华美流荡哀艳。而江总七言诗中最好的是《闺怨篇》和《梅花落》。这些诗前面已经分析过。这类艳情诗和徐陵的高雅精致不一样，王士禛云：“总持流品，视徐未宜并论，然华实兼美，殆欲过之。”（《古诗选凡例》）七言形式相较而言更适合华实兼美的流丽气质。七言至唐代发展至高峰，陈后主和江总这方面的尝试无疑有开创意义。

文体方面，南朝盛行的骈文在徐陵手中发展到高峰，同时也暴露了致命弊端。徐陵被称为一代文宗，其骈文和庾信骈文并称“徐庾体”，代表六朝骈文的顶峰。篇章是徐陵的爱好、生活的重要内容、谋生之资。对于骈体文的大量操练使其技巧趋于完美老到。相应地，他的文章可能会有点华而不实的缺点，像他自己描述的那样——程序化。徐陵文学性较强的作品《鸳鸯赋》篇幅很短，水平不算很高。其他现存诗文几乎全是应用文、应制诗，也可能从侧面证明了徐陵最擅长的是应用文字。他的文辞多数非以精神追求为主，立场根据内容的需要不断变换。

《陈书·徐陵传》对徐陵骈文的评语还是恰当的：“其文颇变旧体，缉裁巧密，多有新意。每一文出手，好事者已传写成诵，遂被之华夷，家藏其本。后逢丧乱，多散失，存者三十卷。”但即便多有新意，亦渐成脱离感情的无根文字。

徐陵的骈文罗列典故，颇能达意，亦具备欣赏性，令时人和后人折服。如《与齐尚书仆射杨遵彦书》中的几个片段：

岂卢龙之逕，于彼新开，铜驼之街，于我长闭，何彼途甚易，非劳于五丁，我路为难，如登于九折，地不私载，何其爽欤?

……

本朝王公，居人士女，风行雨散，东播西沈，城阙丘墟，奸蓬萧瑟，偃师还望，咸为草莱，霸陵回首，皆沾霜露。

……

岁月如流，人生何几，晨看旅雁，心赴江淮，昏望牵牛，情驰扬越，朝千悲而下泣，夕万绪以回肠，不自知其为生，不自知其为死也。

这一篇真情实感流露很多。明代张溥在《徐仆射集》题词注中言徐陵文，“感慨兴亡，声泪并发，至羁旅篇牍，亲朋报章，苏李悲歌，犹见遗则，代马越鸟，能不悽然”，说它“以生气见高，遂称俊物”。徐陵还有些书信也很感人。但不能否认，包括《册陈公九锡文》都是这么有气势。只要需要，就可以随机应变，这时真情实感大概要退后了。同时，文辞维持着华美，和他的生活方式一致。造成华美的原因，一是骈文形式，另一是大量用典，这点尤使人惊叹。《玉台新咏序》是一篇著名的骈文，应该是因为它的艳情题材。文中罗列典故，极为华美，仪态万方。然而，仔细阅读，你会发现其实这篇骈文不能带给你心灵的震颤，你也感觉不到作者心灵的声音。它只是以华丽的外包装取胜，内在或者可以称为精神悴尽。试看开头一段：

夫凌云概日，由余之所未窥；千门万户，张衡之所曾赋。周王璧台之上，汉帝金屋之中，玉树以珊瑚作枝，珠帘以玳瑁为柙，其中有丽人焉。其人五陵豪族，充选掖庭，四姓良家，驰名永巷；亦有颍川新市，河间观津，本号娇娥，曾名巧笑。楚王宫里，无不推其细腰；卫国佳人，俱言讶其纤手。阅诗敦礼，岂东邻之自媒；婉约风流，异西施之被教。

这是著名的片段，读来芳香满口。但是文辞的堆砌离真情实感如此遥远。如果这是徐陵在陈代所作，那么已是他的晚年，正是徐陵有些厌倦情色的时候。这证明骈文在徐陵手里达到技巧的巅峰，感情的缺乏也使它开始走向穷途末路。

总的来说，徐陵的应制骈文气势畅达，形式完美。同时，过分精致的内容和情感的缺乏使之走向衰落。

徐陵表达过一些对文学的观点。要而言之，他认为，第一，风格上精巧。“循环巧制”（《报尹义尚书》），“握之不置，恒如赵璧，玩之不足，同于玉枕”（《与李那书》），“标句清新，发言哀断”（《与李那书》）。第二，格律完美。“文制兼美”（《答李颙之书》），“既乏新声，全同古乐，正恐多惭于协律”（《答族人梁东海太守长孺书》），“铿锵并奏，能惊赵鞅之魂；辉焕相华，时瞬安丰之眼”（《与李那书》）。第三，用典。“披文相质，意致纵横；才壮风云，义深渊海”（《与李那书》），表现出对文学形式的极端追求。以上这几篇书信都是徐陵在天嘉、天康年间与北朝文人的交流之作。在其中，徐陵称“平生壮意，窃爱篇章”（《与李那书》）。当别人恭维他的文章高如泰山，他谦虚地道：“文艳质寡，何似上林，华而不实，将同桂树。”（《答李颙之书》）也有些道理。

徐陵的骈文显示衰落迹象，但同样出于对技巧的极端追求，他的近体诗有开创意义。这一比较意味深长。

在诗体文体兴衰方面，陈末宫体独具特色，近体诗接近成熟，七言诗明白出现，骈文达到顶峰，并显示出没落特征。

总之，陈代后期诗歌具有新鲜境界，伤感特质，格律技巧成熟，整体表现出唯美倾向。这和当时具体的富贵末世环境有着千丝万缕的关联。

第六章　高贵落寞的南唐诗文

后人评南唐冯延巳词“堂庑特大”，李后主“变伶工之词为士大夫之词”，是指南唐中后期词从花间的艳情点缀转向寄托和抒发词人的真实人生情感。这是词发展过程中的关键一步。促使这一转变的，应当是南唐社会气氛中富贵文雅的考究成分。这样的词境优雅甚至完美，有理想化倾向。

南唐中后期词的演变过程，突出体现在自冯延巳的有寄托之词，到李璟的高贵落寞气质，以及李后主的唯美理想境界。其中作为士大夫形象的词人主体情感表现得愈加突出。

有寄托的词

词在冯延巳手上开始在风花雪月的描绘中寄托文人的人生情感，其中重要的原因是冯延巳的优柔文人个性很适宜托寄于词中的富贵失意女子。所谓“愁肠学尽丁香结”，道出冯延巳对优雅词境的刻意追求，这丁香结，既属于词中落寞的女子，同时也是冯延巳自己心态的写照。

冯延巳词作集《阳春集》。夏承焘先生《唐宋词人年谱》曰：“正中词名《阳春录》，见《直斋书录解题》。今传本名《阳春集》，陈世修编于宋嘉祐戊戌，其实距正中之卒已九十馀年。词共百二十阕，颇杂入温、韦、欧公、李主之作。王鹏运又辑得补遗七阕，即四印斋所刊是……是《阳春集》之错乱，北宋已然。”真作约百首。“崔公度跋《阳春录》谓皆延巳亲笔；殆崔曾见延巳墨迹，故有此说。见于花间各词，意冯曾书之，崔未深考，遂以为花间尊前往往谬其姓氏，或非强扳也。”“前人论正中词者，往往兼及其为人。冯煦为四印斋刊本《阳春集序》，谓其‘俯仰身世，所怀万端，揆之六义，比兴为多。其忧生念乱，意内言外，迹之唐五季之交，犹韩致尧之于诗。’张惠言《词选》则斥其专蔽固嫉，又敢为大言，谓‘《蝶恋花》数章，盖为排间异己而作’。陈文焯《白雨斋词话》，虽极称其词忠爱缠绵，而亦鄙其人为无足取。予尝细读《阳春集》及《南唐书》，以为冯煦阿其宗人，且以读唐诗者读唐词，比正中于韩偓，故近过誉；张陈惑于南唐朋党攻伐之辞，斥为憸夫，亦属过诋。”看来，对待冯延巳的词，关键要有客观的眼光。

在富贵、艳丽、温柔环境里生存的士大夫冯延巳，专力于词，把这一缠绵悱恻的文学形式发挥得淋漓尽致。总的来说，冯词有三个风格特点：富贵——富贵慵懒的气质；惆怅——婉约的悲剧美；刻意——文字的雅化细化。其中境界之高者，则将人生打入艺术，构成“有寄托入，无寄托出”的“堂庑”特大的水平，从而成就他在词坛上的尊贵地位。

仔细玩味冯词，感觉那种小人物的卑微和对名利的附庸感始终未脱。也许正因为富贵在他眼中格外亮丽，他才深入沉浸地刻画富贵。况周颐曰：“《阳春》一集，为临川、珠玉所宗，愈瑰丽，愈醇朴。南渡名家，沾丐膏馥，辄臻上乘。冯词如古蕃锦，如周、秦宝鼎彝，琳琅满目，美不胜收。”（《历代词人考略》卷四）冯词描绘富贵的环境，金碧辉映，至于有时像古代的绫锦、金器，形成醇朴的特点，达到“化境”，这和他在词上的特殊才华和专力有关。如《谒金门》：

风乍起，吹皱一池春水。闲引鸳鸯芳径里，手挼红杏蕊。

斗鸭阑干独倚，碧玉搔头斜坠。终日望君君不至，举头闻鹊喜。

这是冯词的代表作之一。他把那种富贵慵懒的气质写活了。不知道主人公是闺中少妇还是风尘女子，总之环境是富贵的。女子懒洋洋而又孤独，倚在精致的栏杆上无聊地望着一池春水被吹皱，看着看着，她的贵重的发饰斜坠下来。终于抬头看到喜鹊，于是有了渺茫的希望和欢喜。这种富贵女子的附庸身份其实很像冯延巳这样的文人自己，所以如果他借此来寄托人生感受还是合适的。这首词实际上表达了生命力在空虚富贵中浪费的那种无聊和失落，而他手法也太娴熟。如《清平乐》：

雨晴烟晚，绿水新池满。双燕飞来垂柳院，小阁画帘高卷。

黄昏独倚朱阑，西南新月眉弯。砌下落花风起，罗衣特地春寒。

画帘、朱阑和罗衣表示富贵。冯延巳很擅长从这种富贵慵懒的本来不甚健康的情调中，提炼审美的质素。富贵的环境本来就是赏心悦目的。女子对环境的感悟虽然有些无聊，却饱含艺术的敏感细致，因而表现特别的情绪之美。它比温庭筠词的纯粹环境刻画要进步得多。如《采桑子》：

画堂昨夜愁无睡，风雨凄凄。林鹊争栖，落尽灯花鸡未啼。

年光往事如流水，休说情迷。玉箸双垂，只是金笼鹦鹉知。

富贵女子，或者金笼鹦鹉，已经构成冯词的典型形象。而冯延巳沉浸其中，用力刻画的心绪，也成就了特别的意境和美。其实在寥落的背后，与富贵相衬托的是对生命活力的向往和渴望。又如《南乡子》：

细雨湿流光，芳草年年与恨长。烟锁凤楼无限事，茫茫。鸾镜鸳衾两断肠。

魂梦任悠扬，睡起杨花满绣床。薄悻不来门半掩，斜阳。负你残春泪几行。

这首词里，感情摆脱了一些软弱和附庸，表现得更加激烈。是的，对于一个充满青春活力的女子来讲，光有鸾镜鸳衾是不能够满足她的生命力的。在附庸的生活里，何尝没有一颗渴望一展抱负的心呢？而这心事，在沉沉的夜里，又能交付给谁呢？

可以看出，锦衣玉食却独处深闺的女子无聊慵懒的生活情绪，是冯延巳几乎所有词的基调，以弄臣而富贵的他，太熟悉这种情绪，或者说这女子就是他本人情绪的外现。有了这样的体会，本身又才华横溢，他将这种氛围描画得真切“醇朴”，使富贵慵懒的气质也产生了美感。

除了富贵之外，冯词几乎篇篇不离惆怅，呈现婉约的悲剧美。如《思越人》：

酒醒情怀恶，金缕褪，玉肌如削。寒食过却，海棠零落。

乍倚遍，阑干烟淡薄，翠幕帘栊画阁。春睡着，觉来失，秋千期约。

瘦弱的女子在落花时节，孤单落寞，写来依约动人。也许富贵温柔的环境麻木了内心的深哀大恨，然而与环境交相辉映的不满足却被适时地激发出来。于是，主人公只有在浅吟低唱中，暗暗地惆怅。

又如《蝶恋花》：

萧索清秋珠泪坠，枕簟微凉，展转浑无寐。残酒欲醒中夜起，月明如练天如水。

阶下寒声啼络纬，庭树金风，悄悄重门闭。可惜旧欢携手地，思量一夕成憔悴。

在清秋的夜晚，月色皎洁，这份惆怅想冲上去，想呼唤。然月明如练天如水，所有的心事如月光融化，融进静悄悄的夜里。于是只有或浓或淡的惆怅，伴着这温柔精致的氛围。

又如《采桑子》：

> 小堂深静无人到，满院春风。惆怅墙东，一树樱桃带雨红。
> 愁心似醉兼如病，欲语还慵。日暮疏钟，双燕归栖画阁中。

郑因百《论冯延巳词》以冯词的基本风格为“一树樱桃带雨红”，细思还是确切的。雨是忧郁的象征，樱桃揭示着这忧郁被环境同化，表现得也那么美丽，而红色则显示心灵的渴望相对不是那么平静，只是在温柔的夜色中无可奈何地压抑着。这构成了冯词惆怅的内涵。

又如《采桑子》：

> 花前失却游春侣，极目寻芳。满眼悲凉，纵有笙歌亦断肠。
> 林间戏蝶帘间燕，各自双双。忍更思量，绿树青苔半夕阳。

夕阳下，蝴蝶和燕子双双对对，女主人公却那么孤单。在这一首词里，惆怅被蝴蝶、燕子、笙歌激扬起来，又似乎放纵开来，而最后只有静静地归于无奈。

总之，表面上过着富贵生活的女主人公，在深深的院落里孤单寂寞，所以满怀惆怅。它或许代表了新兴才子生命力被压抑不得伸展的郁闷，从而具有某种普遍意义。

陈世修《阳春集序》曰：“观其思深辞丽，均律调新，真清奇飘逸之才也。”思深能化为词丽，应该感谢富贵故都生活中艺文的存在，它让夜的伤感沉浸于浅吟低唱之美丽，进入清奇飘逸的境界。所谓“思深辞丽”，即对情境的雅化处理，难免刻意。所以，王国维《人间词话》卷上曰："正中词品，若欲于其词句中求之，则'和泪试严妆'，殆近之欤？"正因严妆之美，要把眼泪暗暗忍下，然忧伤闷在肚里，殆近之欤？

如《归国谣》：

江水碧，江上何人吹玉笛，扁舟远送潇湘客。

芦花千里霜月白，伤行色，来朝便是关山隔。

关山之苦，潇湘之凉，离别的伤愁，这些苦蒙上了淡淡的纱。而展现的江水碧、玉笛、扁舟、严霜、素月，构成了那么雅致的一个风霜月夜。没有艺术对痛苦的升华，怎么会产生这样美好的情景？即便这升华还难免有点做作。

如《采桑子》：

酒阑睡觉天香暖，绣户慵开。香印成灰，独背寒屏理旧眉。

朦胧却向灯前卧，窗月徘徊。晓梦初回，一夜东风绽早梅。

女主人公在孤寂冷落中睡去，然而梦是温柔的，梦里梦外，早梅绽放。是早梅给了她这么温柔的梦境，还是梦境感化了早梅？孤冷退步，那个带着暖意的温柔境界感染着我们的心灵。此乃富贵故都的温柔之美。

如《采桑子》：

画堂灯暖帘栊卷，禁漏丁丁。雨罢寒生，一夜西窗梦不成。

玉娥重起添香印，回倚孤屏。不语含情，水调何人吹笛声。

无眠的雨夜，听着不知谁吹的笛声水调，是什么滋味呢？惆怅本来会那么美丽吗？这笛声又使你想到了什么呢？是温柔的记忆，还是远方的行客？因为有了词，惆怅的滋味才这样美好。而冯延巳用诗意的环境来烘托他的惆怅，使词开始具有了文人的味道，所谓“士大夫”气。

如《谒金门》：

杨柳陌，宝马嘶空无迹。新着荷衣人未识，年年江海客。

梦觉巫山春色，醉眼飞花狼藉。起舞不辞无气力，爱君吹玉笛。

是醉，还是梦，触人心绪？闺中独守，所见者飞花狼藉，慵懒成习，只记得他吹的玉笛，曾是那么美。这不是简单的愁，也不是纯为妆点。这惆怅，是冯延巳的士大夫心理，在富贵末世的感触和经过修饰的外化。

清谭献《谭评词辨》卷一曾评《鹊踏枝》：“金碧山水，一片空濛。此正周氏所谓‘有寄托入，无寄托出’也。”意谓冯延巳将自我人生情绪打入词里，打入金碧山水的富丽中，由于真情实感，再加上雅化的文学才华，冯词中表现的惆怅情绪看起来浑然天成，不像是有意而为的寄托了，从而达到某种超脱。

冯煦《阳春集序》曰：“翁延巳何致而然耶？周师南侵，国势岌岌。中主既昧本图，汶暗不自强，强邻又鹰瞵而鹗睨之，而务高拱，溺浮采，芒乎芴乎，不知其将及也。翁负其才略，不能有所匡救，危苦烦乱之中，郁不自达者，一于词发之。”冯延巳本人的情感倒也无须这样道德美化。我们感到他只是将寄托审美化。这里提到冯词悲剧美的一个来源，那就是南唐当时走向衰亡的社会背景、末世悲感。社会变迁，风衰俗怨，影响及于文学。

如《采桑子》：

洞房深夜笙歌散，帘幕重重。斜月朦胧，雨过残花落地红。

昔年无限伤心事，依旧东风。独倚梧桐，闲想闲思到晓钟。

不用指出具体的愁结。人生的无限伤心事，都融在了满地落红，融在朦胧的斜月、重重帘幕、散去的笙歌、闲思闲想之中，从而获得升华和艺术美。

如《喜迁莺》：

宿莺啼，乡梦断。春树晓朦胧，残灯和烬闭朱栊，人语隔屏风。

香已寒，灯已绝。忽忆去年离别，石城花雨倚江楼，波上木兰舟。

离别的情愫，模模糊糊的，像中断的乡梦，像朦胧的春树，像一点残灯，像隔了屏风听到的呢喃，忽然忆起，曾经去年木兰舟的离别。作者类似的情感，就这样倾诉出来，同时超越了情感本身，成为艺术。

蔡嵩云《柯亭论词》曰："正中词缠绵悱恻，在五代别具一种风格。浓艳如飞卿，清丽如端己，超脱如后主，均与之不同家数。其词最难学，出之太易，则近率滑，过于锻炼，又伤自然，总难恰到好处。"堪称的论。冯词不像温庭筠词那样浓艳，不像韦庄词那样清丽，也不像李后主词那样超脱，而是以其缠绵悱恻的风格自成一家。冯词有成就主要来自他出色的才华。

冯延巳把人生情绪打入艳情，从而开拓了词的境界。这关键的一点开了北宋风气，所以当得"堂庑特大"的称誉。陈廷焯《词坛丛话》："终五代之际，当以冯正中为巨擘。"冯煦《唐五代词选序》："吾家正中翁，鼓吹南唐，上翼二主，下启欧、晏，实正变之枢纽，短长之流别。"这样的称赞，也就不难理解了。冯延巳是幸运的，虽然品格不高，但依了他的词才，在相应的环境终成正果。

高贵落寞和唯美理想的境界

南唐中主李璟词体现了他本人高贵落寞的气质，李后主词更造就唯美理想词境。

李璟与李后主词合刊为《南唐二主词》，南宋绍兴间辑本，共三十七首，其中出于二主墨迹者十二首。王国维又从他书补得十二首。二主词辑本，此为最备者。其中李璟词四首。

李璟词充分体现了他的高贵文人气质，其中已经有些落寞气息。这种情绪在富贵温柔的环境最容易造就，何况又有政治隐忧、人生感触浸淫其中。李璟存词：

应天长

一钩初月临妆镜，蝉鬓凤钗慵不整。重帘静，层楼迴，惆怅落花风不定。

柳堤芳草径，梦断辘轳金井。昨夜更阑酒醒，春愁过却病。

望远行

碧砌花光锦绣明，朱扉长日镇长扃。馀寒不去梦难成，炉香烟冷自亭亭。

辽阳月，秣陵砧，不传消息但传情。黄金窗下忽然惊，征人归日二毛生。

浣溪沙

手卷真珠上玉钩，依前春恨锁重楼。风里落花谁是主，思悠悠。

青鸟不传云外信，丁香空结雨中愁。回首绿波三楚暮，接天流。

落花在风中飘舞，仿佛惆怅；雨中丁香高贵含愁，景物俨然有了轻柔微妙的韵味。无眠的春夜，手卷真珠帘的女子，和婉动人。它们是作者情趣的象征。同时，我们从词里，透过花朵、女子，似乎看到了作者自己，这是词的进步。而饱含高贵和忧愁的雨中丁香，也成为玩味不尽的典型意象。

李璟最好的一首词是《浣溪沙》，色泽比前面三首浓重：

菡萏香销翠叶残，西风愁起绿波间。还与韶光共憔悴，不堪看。

细雨梦回鸡塞远，小楼吹彻玉笙寒。多少泪珠何限恨，倚阑干。

荷花凋残，西风吹浪，场景更阔大，忧愁中似乎还隐有些悲壮，王国维曰："大有众芳芜秽，美人迟暮之感。"玉笙冰凉的调子，在小楼上吹了一夜，有多少要倾诉的忧愁，是"更阑酒醒"之痛吗？这种情绪和时间是那么合拍，白日将逝，夜宴开场，拉开凄凉的序幕。

傅庚生一眼看穿李璟诗中的富贵凋零气氛，"余既耸动于王氏之说，因亦细揣夫中主之词。意以为全阕固脉注于一'残'字耳。'菡萏香销翠叶残'，是荷残也；'西风愁起绿波间'，是秋残也；'还与韶光共憔悴，不堪看'，是人在残年时对残景，诚然其不堪看也。王氏之所云有'美人迟暮之感'者盖如此。'细雨梦回鸡塞远'，是梦残也，'小楼吹彻玉笙寒'，是曲残也，人在残年感已多，'多少泪珠何限恨'，况更'倚阑干'，对此残景乎？全阕脉络贯通，若拆散便不可得其解；而意相联属，似亦并不宜摘句以欣赏之耳"（傅庚生《中国文学欣赏举隅》）。以一国君主之尊而为此凋残之语，难道不是时代气氛的熏染吗？

李后主词则为春花秋月的挚情吟唱。王国维《人间词话》曰："客观之诗人，不可不多阅世。阅世愈深，则材料愈丰富，愈变化，《水浒传》《红楼梦》之作者是也。主观之诗人，不必多阅世，阅世愈浅，则性情愈真，李后主是也。”生于深宫之中，长于妇人之手，单纯的生活环境造就了李后主的纯洁心灵，行之于艺文，构建了伟岸的文学形象。

富贵精致的宫廷生活培养了李后主的艺术气质和唯美倾向，和陈后主不同，李后主不是荒淫于物，而是体现文化特质，怀抱理想追求。文艺不再是生命的摆设，而是和生命本身水乳交融。

清代词人纳兰性德云：“《花间》之词，如古玉器，贵重而不适用；宋词适用而少贵重。后主兼有其美，更饶烟水迷离之致。”（《渌水亭杂识》）李后主词无疑是高贵的，那是帝王身份、宫廷生活、唯美特质所决定的。至于“适用”，是将人生和词紧密联系，词抒发真实的生命感慨。理想化倾向最终使词脱离了点缀意义，而成为生命的重要内容和寄托。

这也即王国维所说“以血书者”，“不失其赤子之心”（《人间词话》），词就是作者的生命、作者的心灵、作者的赤诚追求。李后主的一片纯挚，皆发抒于词。叶嘉莹评论：“莫道风格异，真情无改是词心。李煜之所以为李煜与李煜词之所以为李煜词，在基本上却原有一点不变的特色，此即为其敢于全心全意去倾注的一份纯真深挚之感情。”他将生命和心灵都倾注在美丽的词句里了，所以形成“深挚”的特征，即便“粗服乱头，不掩国色”（清周济《介存斋论词杂著》），甚或“一字一珠”（清余怀《玉琴斋词序》）。

他早年的词，写富贵华美的宫廷内容，如《玉楼春》“晚妆初了明肌雪”，《浣溪沙》“红日已高三丈透”，毫不掩饰对华美的沉浸和在其中的艺术倾向，真诚表现宫廷生活的美好。与小周后恋情的快乐，他也直率地表述，如前文提及的《菩萨蛮·花明月暗笼轻雾》，描写幽会非常天真烂漫，毫无做作姿态。又如《菩萨蛮》：

蓬莱院闭天台女，画堂昼寝人无语。抛枕翠云光，绣衣闻异香。

潜来珠琐动，惊觉银屏梦。脸慢笑盈盈，相看无限情。

女子多么飘逸美丽，爱情又是多么真挚动人！又如前文提及的《一斛珠·晓妆初过》，写女孩儿活泼可爱的姿态。这样的内容最容易也最怕被描述得庸俗不堪，可是在李后主笔下非常美好，这便是“粗服乱头，不掩国色”之一例。所以，无论是华丽的宫廷场景，还是甜蜜的爱情、美好的女子，都浸入了他心灵的诚挚，一片纯然。因此，他笔下的形象和情感，都带着生命力，格外动人。

家国之痛，震撼着他的生命，他把心血投注于词句，因而更加撼动读者心灵。如《破阵子》：

四十年来家国，三千里地山河。凤阁龙楼连霄汉，玉树琼枝作烟萝，几曾识干戈？

一旦归为臣虏，沈腰潘鬓销磨。最是仓皇辞庙日，教坊犹奏别离歌，垂泪对宫娥。

他对繁华的留恋，他的无知，他的软弱，他的沉痛，他的哀哭，他的仓皇，他的憔悴，这些最真最纯的原材料，都经过心血的注入、唯美的冶炼，因而震撼心灵。有过那样繁华极限的经历，怀抱那样唯美的艺术理想，一旦经历国破家亡，感受就更加敏锐深刻。他承受的不只是自己，而是那个时代、那个国家的大悲伤。这种大悲大痛虽不可能给李后主的人生带来大彻大悟，但在艺术中也许能实现。他想呼喊、想痛哭，最后却只有深深压抑，那便是词里体现的面对苦空的无奈和透彻，于是李后主的词里就有了宗教色彩。王国维说：“俨然有释迦基督担荷人类罪恶之意。”

如《乌夜啼》：

无言独上西楼，月如钩。寂寞梧桐深院锁清秋。

剪不断，理还乱，是离愁。别是一般滋味在心头。

寂寞的月夜，孤独徘徊的灵魂，哀愁难耐，却只能化作喟叹。

捣练子令

深院静，小庭空，断续寒砧断续风。无奈夜长人不寐，数声和月到帘栊。

心灵是多么脆弱，却担荷那与生俱来的风雨，无可逃避，最终归于沉寂。

虞美人

风回小院庭芜绿，柳眼春相续。凭阑半日独无言，依旧竹声新月似当年。

笙歌未散尊罍在，池面冰初解。烛明香暗画楼深，满鬓清霜残雪思难任。

春天又来了，人却老了，这鲜明的感触，怎可承担，怎可逃脱？我们感到他在绮梦破灭之后，在残酷的命运面前，担荷着沉重的苦难。

至情至真和深哀深痛的足够张力，得以构筑李后主词的阔大深广境界。所以，“李重光之词，神秀也。词至李后主眼界始大，感慨遂深，遂变伶工之词而为士大夫之词”（王国维《人间词话》卷上）。即便仍是宫廷，气象自是不同。比如繁华时，“满城飞絮滚轻尘”（《望江梅》），“车如流水马如龙”，“花月正春风”（《望江南》）。这样的句子，不是贫弱的笔所能成就。而亡国之痛，则掷地有声，“往事已成空，还如一梦中”（《菩萨蛮》）。

又如《乌夜啼》：

林花谢了春红，太匆匆。无奈朝来寒雨晚来风。
胭脂泪，留人醉，几时重。自是人生长恨水长东。

从来没有见到过，花谢花飞，朝来的寒雨晚来的风，能表演得那么悲壮，直是人生长恨。是至纯的心和至深的痛，共同编织了这样阔大的凋零。

又如《清平乐》：

别来春半，触目愁肠断。砌下落梅如雪乱，拂了一身还满。
雁来音信无凭，路遥归梦难成。离恨恰如春草，更行更远还生。

春要归去，离恨向远方弥漫，与天地共在。它是如此壮阔。

又如《浪淘沙令》：

往事只堪哀，对景难排。秋风庭院藓侵阶，一桁珠帘闲不卷，终日谁来。

金剑已沈埋，壮气蒿莱。晚凉天净月华开，想得玉楼瑶殿影，空照秦淮。

壮志成空，却结为洁净的夜空中一轮皎洁的圆月和秦淮河中玉楼瑶殿清冷虚空的倒影，这是怎样的大手笔呀！所以清代王鹏运说："盖间气所钟，以谓词中之帝，当之无愧色矣！"（《半塘老人遗稿》）

李后主绝笔是《虞美人》：

春花秋月何时了，往事知多少。小楼昨夜又东风，故国不堪回首月明中。

雕阑玉砌应犹在，只是朱颜改。问君能有几多愁，恰似一江春水向东流。

那个曾经被包围在雕阑玉砌之中，敏感于春花和秋月的纯净心灵，到头来，却不堪回首故国，朱颜无情老，曾经眷恋的绮梦破灭成空。这些词，是李后主仍未消失的理想国的最后一个退路，却终于超越时空，化作永恒。

李后主词以它博大的境界对宋词有深远影响。“花间犹伤促碎，至南唐李王父子而妙矣。”（明王世贞《弇州山人词评》）“乐府为宋人一代开山。”（明胡应麟《诗薮·杂编》）“宋初诸家，靡不祖述二主。”（清冯煦《蒿庵论词》）

南唐后期词经冯延巳、李璟至李煜，词人个体情怀的抒发愈加鲜明，阴柔和理想的特征贯穿其中，较陈末诗歌表现了更加唯美的倾向。

南唐后期的诗文

南唐后期传统诗歌不如词繁荣，不过在江南温柔气息的熏陶下，表达的感情和体现的境界都比较温柔美好。

李璟作品，《全唐诗》仅七律和七古各一首，短句六片。如“苍苔迷古道，红叶乱朝霞”（《句》）等句，也有些落寞的气息。

李后主“有诗一卷”，《全唐诗》卷八中仅存十八首及断句十六则。成就虽不及词，也是纯然一片真情，如他悼念大周后的《感怀》：“又见桐花发旧枝，一楼烟雨暮凄凄。凭阑惆怅人谁会，不觉潸然泪眼低。”

对大周后去世的感伤情绪，依约动人。

有时也有宗教色彩：

九月十日偶书

晚雨秋阴酒乍醒，感时心绪杳难平。

黄花冷落不成艳，红叶飕飗竞鼓声。

背世返能厌俗态，偶缘犹未忘多情。

自从双鬓斑斑白，不学安仁却自惊。

似多情难平的心绪，面对自然的零落，敏感，却淡然无奈。诗境很美。

韩熙载虽号称才子，其诗文流传至今的并不多，也未见有出彩的篇章。这一方面和他的生活无聊空虚有关，另一方面是由于无论是诗歌还是骈文，在五代南唐都不那么发达。他有《感怀诗二章》（奉使中原署馆壁），其中第二首无足观，第一首如下：

仆本江北人，今作江南客。

再去江北游，举目无相识。

金风吹我寒，秋月为谁白。

不如归去来，江南有人忆。

此诗直抒胸臆，宛如白话，表达的感情还是很美好的。

他还有《送徐铉流舒州》（时铉弟锴亦贬乌江尉，亲友临江相送）："昔年悽断此江湄，风满征帆泪满衣。今日重怜鹡鸰羽，不堪波上又分飞。"也是娓娓道来，有真情。残句如"几人平地上，看我半天中"（《登楼》），写得还是有些哲理。

徐铉给后世留下了大量诗作，数量上远远超过同时代其他人。《全唐诗》小传言："铉文思敏速，凡所撰述，往往执笔立就。""文思敏速"是他诗作数量大的重要原因。诗中也时有亮彩，有所感发。但是从全篇看，常有瑕疵。文人才华常常有偏好。徐铉诗不能承继唐诗。这里不妨回顾一下他的诗作佳篇。徐铉的诗常常倾诉他的人生感受。如《除夜》：

寒灯耿耿漏迟迟，送故迎新了不欺。
往事并随残历日，春风宁识旧容仪。
预惭岁酒难先饮，更对乡傩羡小儿。
吟罢明朝赠知己，便须题作去年诗。

对于逝去时光的追惜，其实也是对生命和世界的珍惜。这些美好的感情常常呈现在徐铉的诗句里。诗歌技巧自然很娴熟。

送应之道人归江西

曾骑竹马傍洪厓，二十馀年变物华。
客梦等闲过驿阁，归帆遥羡指龙沙。
名垂小篆矜垂露，诗作吴吟对绮霞。
岁暮定知回未得，信来凭为寄梅花。

徐铉诗的主体是与友赠答或离别相思之类。他的朋友很多。从诗中可以看出他是多么珍惜人间感情，这是他生命的重要部分。这首诗表达了对友人的期许，对友人别后生活的关心和交流的渴望，再一次表现了徐铉温柔的一面。

陈侍郎宅观花烛

今夜银河万里秋，人言织女嫁牵牛。

珮声寥亮和金奏，烛影荧煌映玉钩。
座客亦从天子赐，更筹须为主人留。
世间盛事君知否，朝下鸾台夕凤楼。

鸾台是唐代门下省的别称。凤楼，宫内的楼阁。此处言陈侍郎生活极富贵。七夕之夜对天上人间的向往，构成这首诗柔软而明亮的感情基调。这是江南特别是南唐特有的温柔节日。

“清商一曲远人行，桃叶津头月正明。此是开元太平曲，莫教偏作别离声。”（《又听霓裳羽衣曲送陈君》）作者听到盛唐《霓裳羽衣曲》，却可惜是在别离时刻。

从徐铉的诗中，可以很容易感受到他温柔的情愫，无论是对节候、对亲朋，还是欣赏美好的事物。这是理想化的江南，永远是这么温柔。

文章方面，李璟作品《全唐文》中共收十二篇，近人管效先编《南唐中主文集》增至十七篇。

李后主文有《昭惠周后诔》《却登高文》《不敢再乞潘慎修掌记室手表》《送邓王二十六弟牧宣城序》《书评》《即位上宋太祖表》《乞缓师表》等。

那个时期文章写得好的要数韩熙载和徐锴、徐铉。韩熙载以骈四俪六著名，其骈文多碑表之类，本来就缺乏生命力，但韩熙载写来，还是能看出他才气横溢。如刚到南唐的《上睿帝行止状》、写给李后主的《分司南都乞留表》，都洋洋洒洒。还有些碑文如《汤泉院碑》等，也比较工整漂亮，极尽发挥之能事。

又如《真风观碑》：

庐山之阳，有女真观曰崇善。松门藓磴，萝茑交阴。层峦浚流，岚霭相接。怪石古木，峭壁悬崖。怪状奇姿，望欲腾掷。千寻落水，飞静练于林端。万仞危峰，耸寒青于天半。昼夜若风雨，盛夏如素秋。高冈密林，豁达蓊郁。信洞府之绝境，神仙之胜游也。而庭庑荒凉，殿堂倾侧。醮坛丹井，但有榛芜。古像骧檐，略存香火……年年有异木含春，疑游阆苑。夜夜而寒泉浸月，似到瑶池。若乃环佩珊珊，笙磬寥寥。陟星坛于月夕，会真侣于霜朝；唱步虚于缥缈，动霞帔之飘摇。朝礼将终，起彤云于丹井；灵仙若下，盘皓鹤于烟霄。显敞幽阴，奇特瑰美。虽鬼功神运，亦无以加。足以增气象于江山，诧壮丽于宫观也。

其《元寂禅师碑》也自有一种神色和美感，“惟师夙宏道愿，应生像年。道峻德充，名符实备。貌孤神王，语淡气幽。情高而月冷□空，格峭而云生碧峤”。

史载徐铉有文集三十卷（《宋史》卷四四一）。他的文章承南朝和晚唐骈俪之风，在形式上尽善尽美，但毕竟难有惊人之作。

徐铉的写景骈文如《新月赋（庚午岁宿直作）》：“乃有騃女痴男，朱颜稚齿。欣春物之骀荡，登春台之靡迤。杂佩璀错，轻裾飒褷。纷乎拜祝，怡然宴喜。”以小儿女拜月烘托新月之美，神态嫣然。还有《游卫氏林亭序》：“建康西北十里所，有迎担湖。水木清华，鱼鸟翔泳。昔晋元南渡，壶浆交迓于斯。今中兴建都，人烟栉比于是。其间百亩之地，宫率卫君浣沐之所也。”徐铉将这一处景致写得如诗如画。

徐锴《奉和送邓王二十六弟牧宣城诗序》写宫廷景物，情景交融：

敦牂御岁，蓐收宰时。邓王受诏，镇于宣城之地。离宴既毕，推毂将行。时也宵露未晞，凉月几望；苑柳残暑，宫槐半晴。沧波起乎掖池，零雨被于秋草。皇上以敦睦之至，听政之馀，逍遥大庭，顾望川陆。理化风物，咏谢安高兴之诗；登山临水，嗟骚人送归之景。暂轫征轴，宴于西清。盖所以申棣萼之至恩，徵文章之盛会也。

铿锵并奏，风度依然，夏末秋初的萧索和送别的些许伤感，融合成美文。

徐铉写过很多墓志，其中最为流露感慨的当是为李后主写的这篇墓志铭：

惟王天骨秀颖，神气清粹，言动有则，容止可观。精究六经，旁综百氏。常以为周孔之道不可暂离，经国化民，发号施令，造次于是，始终不渝。酷好文辞，多所述作。一游一豫，必颂宣尼；载笑载言，不忘经义。洞晓音律，精别雅郑。穷先王制作之意，审风俗淳薄之原，为文论之，以续《乐记》。所著《文集》三十卷，《杂说》百篇，味其文、知其道矣。至于弧矢之善，笔札之工，天纵多能，必造精绝。本以恻隐之性，仍好竺乾之教。草木不杀，禽鱼咸遂。赏人之善，常若不及；掩人之过，唯恐其闻。以至法不胜奸，威不克爱。以厌兵之俗，当用武之世。孔明罕应变之略，不成近功；偃王躬仁义之行，终于亡国。道有所在，复何愧欤！（《大宋左千牛卫上将军追封吴王陇西公墓志铭并序》）

当时徐铉这篇墓志写成之后受到不少赞许。他对李后主的纯洁和才华发出赞叹和怀念，入神刻画李后主的优点，对亡国命运则表达无奈，表现了一贯的忠厚宽容。这是一篇成功的墓志，亦有唯美理想倾向。

又如：

公秉夙成之智，负不羁之才，文高学深，角立杰出。年始弱冠，游于洛阳，声名蔼然，一举擢第……公以俊迈之气，高视名流。既绛灌之徒弗容，亦季孟之间不处。以校书郎释褐，出为滁、和、常三州从事，公亦怡然不以屑意，咏风月游山水而已……（《唐故中书侍郎光政殿学士承旨昌黎韩公墓志铭》）

这是为韩熙载写的墓志，徐铉寥寥数语，就把韩熙载风流的一面描画得活灵活现。他在《唐故左谏议大夫翰林学士江公墓志铭》中，则描画了墓地的苍凉景象。因为金陵墓地很多，这景象具有典型意义。

而《复方讷书》是写给朋友的，形式基本上是骈文：

铉以疏拙之性，顽滞之资，厕于人曹，无足比数。然以荷先人之业，猥践清贯。读往圣之书，颇识通方。累朝旧恩，渐于肌骨。至于行道济物，立身扬名，报国士之知，成天下之务，窃不自揆，颇尝有心。故膺耳目之寄，当津要之路，侃然受任，不以为忧。而才与心违，命与运背。言出而不能悟主，身废而无足救时。三年之中，百艰备历。干戈扰于内地，烽火照于阙庭。奔走道路，容身靡所。当此时也，苟得耕于南亩，齐于一民。以斯终焉，尚为幸也。而副君将圣，王道渐亨。博采遗贤，以济多难。赞谕之任，首及非才。拜命以来，翻自忧愧。何者？储后践纳麓之重，而处于承颜之地。有从谏之善，而立于无过之场。徒欲持稊米以实太仓，秉烛火以助羲御。恐不足以副上德之举，塞故人之望也。但当正身洁己，徇公灭私，使内不愧于本心，外不违于所学而已。阁下德我太甚，期我太深。历阳郡佐白君至京，辱贶手札，庆誉优渥，勖励殷勤。知己之情，无以过此。然此日副君之垂顾，乃昔时阁下前席品题之所致也。缄藏佩服，何日忘之。今兵难少宁，烝民未泰，顶踵利物，斯实其时。阁下高卧已久，群望颇郁。宣室之召，斯在不远。勉慎兴居，以副翘企。悽悽之意，迟用面谕。

这篇骈文很流畅，也很生动。徐铉用富有感情的笔墨，描述了自己认真读书，肩负重任，身当亡国，仍思报效的情景和朋友之情，足以感人，是一篇美文。

李后主和徐铉的书法

李后主精于书画。后人评其书曰“倔强大夫”，看来天真而执拗是他生命特质一个比较偏执的方面。后人评其画曰：“江南后主李煜，才识清赡，书画兼精。尝观所画林石、飞鸟，远过常流，高出意外。”（宋郭若虚《图画见闻志》卷三）所谓“远过常流，高出意外”，亦指超脱唯美的品质。

现在看李后主所著书法评论《书述》，有过于精细之感。

擫者，擫大指骨上节，下端用力欲直，如提千钧。压者，捺食指著中节旁。钩者，钩中指著指尖钩笔，令向下。揭者，揭名指著指爪肉之际揭笔，令向上。抵者，名指揭笔，中指抵住。拒者，中指钩笔，名指拒定。导者，小指引名指过右。送者，小指送名指过左。

李后主的书法艺术也很精细考究。宋黄庭坚云：“世传江南后主作竹，自根至梢，极小者一一钩勒成，谓之铁钩锁。”（《次韵谢黄斌老送墨竹十二韵》自注，《山谷集》卷六）《清异录》记载：“后主善书，作颤笔樛曲之状，遒劲如寒松霜竹，谓之金错刀。”（见图 7）“作大字不事笔，绢帛书之，皆能如意，世谓之‘撮襟书’。”可见其书法非常唯美精致，但是李后主在书法方面的倾向，其实昭示了某种极端，因而含有死亡的信息。不像他的词，更多地表现出感情的张力和生气。

徐铉的书法也很有名气。徐铉擅长篆书。朱长文在《墨池编》中说：“自阳冰之后，篆法中绝，而铉于危难之间，能存其法，虽骨力稍欠，然亦精熟奇绝，及入朝见《峄山刻石》摹本，自谓得于天人之际，遂臻其妙。”秦始皇时的峄山刻石原石在唐代以前就已被毁，赖徐铉的摹本传世。虽然骨力稍弱，但技艺精熟奇绝。《梦溪笔谈》记载：“江南

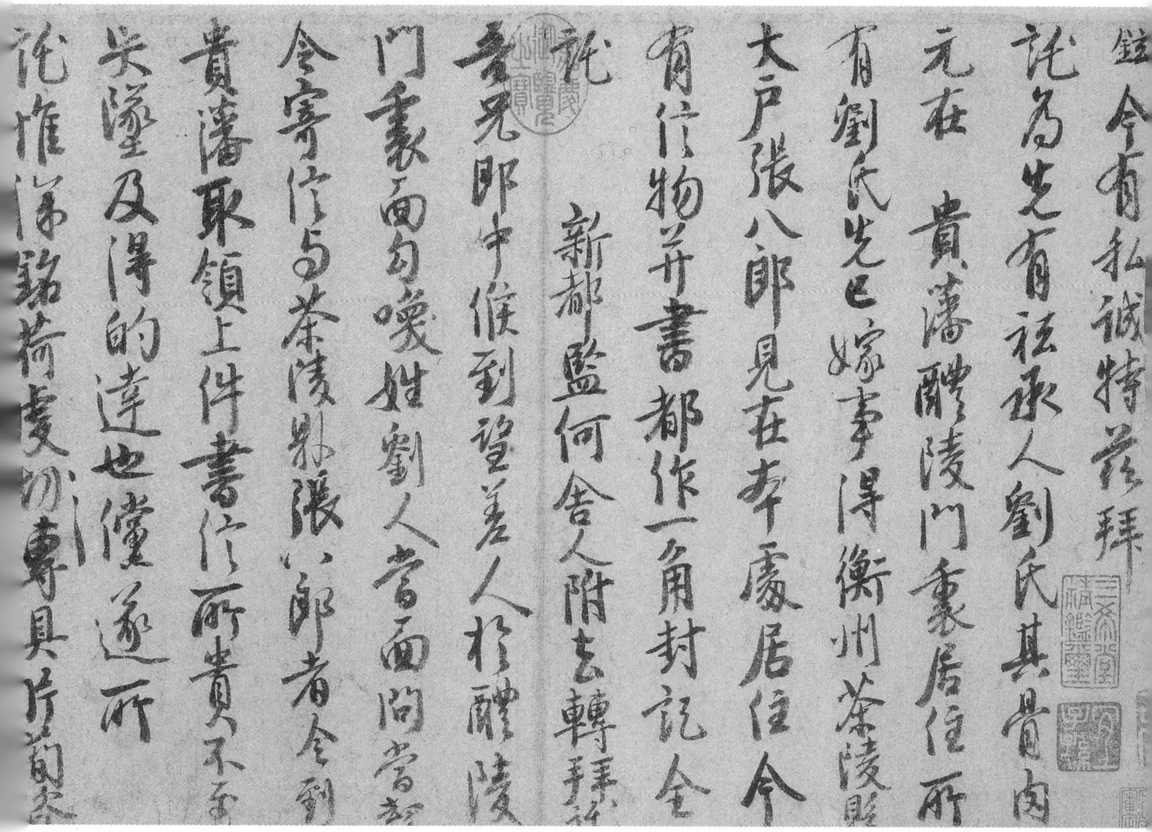

私诚帖尺牍 ｜ 北宋 ｜ 徐铉 ｜ 台北故宫博物院藏

徐铉善小篆，映日视之。画之中心，有一缕浓墨，正当其中；至于屈折处，亦当中，无有偏侧。乃其笔锋直下不倒侧，故锋常在画中。”很奇妙。《集古录》也说：“学者皆谓铉笔虽未工，而有字学，一点一画，皆有法也。”现在徐铉的传世名作有《篆书千文》《武成王庙碑》，摹《峄山铭》《古钲铭碑》等。

总之，南唐后期词由冯延巳有寄托的词，到李璟、李后主以词抒发个人情怀，使词的创作一步步走向理想和唯美。同时诗文温柔优美，书画唯美精细，也都体现相似倾向。

不论是陈末诗，还是南唐后期词，在末世的富裕缠绵中，尽情吟唱，构成独具特色的唯美倾向和阴柔风格。这方面的特点在中国文学历史中很特别，也很值得关注。

第七章　南陈君臣的宅园与书斋

景物是金陵故都的重要组成成分。南陈和南唐后期君臣生活的场所，在宫廷和园林。故都文学艺术作品中描写景物的部分，一是表现了江南富贵温柔秀美的特点，二是在两个时段各有些特点。陈末景物范围相对狭窄，玄圃和宅园体现了一些人为特征，特别是体现出人和自然开始亲近，开始走向交融。南唐宫廷和园林范围广大。艺术上非常精致，也很有意境。不同之处各自形成风格，而且遍布金陵，甚至更广远的南方。三是景物在各人的笔下，比起原始状态，也拥有了各自不同的面貌。尽管各自不同，景物应该是故都生活中让人赏心悦目、动人诗思的地方。同时它们也都经历富贵末世，并通过文艺，受到审美的再造。

陈后主的美好玄圃

提起陈后主，人们往往想起他的“狎客”之举，以及荒淫误国。但是翻检他的诗文，会发现其中非乐府体裁的诗歌，几乎全都是刻画景物的，乐府体裁的诗歌中，刻画景物和艳情各一半。文章多是诏书类，少数几篇文学性强的也都擅长刻画景物。这使我们比较容易了解他生活的玄圃环境。

陈后主的景物诗，基本上都写在几个主要节日的欢聚时，包括春节、上巳和七夕等这些中国最有情调的节日。其时江南风光也更佳美。

在江南，春节就已透露出早春的信息，清新的气氛让人欣喜。

献岁立春光风具美泛舟玄圃各赋六韵

寒轻条已翠，春初未转禽。

野雪明岩曲，山花照迥林。

苔色随水溜，树影带风沈。

沙长见水落，歌遥觉浦深。

馀辉斜四户，流风飏八音。

既此留连席，道欣放旷心。

陈后主泛舟的地方——玄圃，是南朝的皇家园林，陈后主很多次欢聚都是在这里举行。比起一般文人的庭园，玄圃要宽阔得多，而且以金陵的自然风景为基础，更接近自然。所以对于不能够走出深宫，进入真正大自然的陈后主，它无疑是一个乐园，这从诗中的语气就可以感觉得到。湖广可泛舟，又曲折绵延，有轻苔，有沙岸，幽曲处有岩石；山上树林深远，山花明艳；园中点缀着房舍；欢会自然还离不开莲女的歌声。这是作为皇帝的优势，他占据了当时金陵最美最大的园林，颇可流连，尽享初春的清新风景。

立春日泛舟玄圃各赋一字六韵成篇

春光反禁苑，暖日煖源桃。

霄烟近漠漠，暗浪远滔滔。

石苔侵绿藓，岸草发青袍。

回歌逐转楫，浮冰随度刀。

遥看柳色嫩，回望鸟飞高。

自得欣为乐，忘意若临濠。

这首诗更证明了玄圃规模很大。泛舟湖上眺望，给人春光弥漫的感觉。有岸边的苔藓、成片的绿草、鲜艳的桃林、嫩绿的杨柳、飞翔的鸟儿、滔滔的波浪、迷蒙的烟雾、婉转的歌声相伴，虽实质仍不免于井底之蛙，其自身却颇有海阔凭鱼跃的感受。

陈后主作品中这些文会的诗全部作于陈高宗太建年间，这是陈朝最强盛的时期。当时陈后主居东宫，二十多岁，风华正茂。他在宫廷园林中敏感地觉察着季节的美丽。

上巳也是重要的节日，陈后主有诗五首。此时春色正浓，也宜泛舟玄圃。

祓禊泛舟春日玄圃各赋七韵

园林多趣赏，祓禊乐还寻。
春池已渺漫，高枝自嵷森。
日里丝光动，水中花色沉。
安流浅易榜，峭壁迥难临。
野莺添管响，深岫接铙音。
山远风烟丽，苔轻激浪侵。
置酒来英雅，嘉贤良所钦。

这风景在细致的同时，气象较大。春水涨漫，水亮了，苔色青了，花饱满了，树高了。更重要的，这个玄圃真的比我们想象的要大得多，其中有峭壁，有深山，有风烟，有波涛，有野莺。后主徜徉其中是多么快乐啊！

玄圃中著名的宫殿，叫宣猷堂。

上巳玄圃宣猷堂禊饮同共八韵

绮殿三春晚，玉烛四时平。

藤交近浦暗，花照远林明。

百戏阶庭满，八音弦调清。

莺喧杂管韵，钟响带风生。

山高云气积，水急溜杯轻。

簪缨今盛此，俊乂本多名。

带才尽壮思，文采发雕英。

乐是西园日，欢兹南馆情。

这里更多地呈现了文会的欢庆场面。陈后主在这里与大臣曲水流觞，参加的人都是贵族才士。他们雕琢章句，不仅有管弦钟乐伴奏，还有热闹的百戏表演。宫殿绮丽，靠近湖边，殿内玉烛华美，堂前藤蔓覆盖，远处树林里花色亮丽，再往远处是高山和云霭。在陈后主心中，这无疑是宴乐游玩的好去处。

上巳玄圃宣猷嘉辰禊酌各赋六韵以次成篇

园开簪带合，亭迥春芳过。

莺度游丝断，风驶落花多。

峰幽来鸣啭，洲横拥浪波。

歌声初出牖，舞影乍侵柯。

面玉同钗玉，衣罗异草萝。

既悦弦筒畅，复欢文酒和。

这次活动的内容显然更风雅，主要因为有美女的歌舞表演，虽然成员仍然是贵族官僚。晚春了，宣猷堂在湖中的洲上，远处有亭台，黄莺飞过，啼声婉转，花瓣飘落，波浪起伏。歌声和舞蹈很好地融进了环境里，俨然一派太平盛世的景象。

丽晖殿也是一处文会之所。

上巳宴丽晖殿各赋一字十韵

芳景满辟窗，暄光生远阜。
更以登临趣，还胜祓禊酒。
日照源上桃，风摇城外柳。
断云仍合雾，轻霞时映牖。
远树带山高，娇莺含响偶。
一峰遥落日，数花飞映绶。
度鸟或遛檐，飘丝屡薄薮。
言志递为乐，置觞方荐寿。
文学且迾筵，罗绮令陈后。
干戈幸勿用，宁须劳马首。

丽晖殿在山上，傍晚时分，凭窗眺望，远山高耸亮丽，美景如画。甚至更远处的桃林，城外飘拂的杨柳，都历历在目。云霞缭绕，莺啼相伴，作者不乐何如？文臣们在花树丛中，语笑喧喧，作完诗有歌舞助兴。更重要的是，登临之趣，又甚于酒，而且这样的美景良辰没有战争来扫兴。其实当时陈朝是有战争的，只是陈后主漠不关心罢了。

下面一首诗中写的宫殿具体所在不详，也有关曲水流觞。

春色禊辰尽当曲宴各赋十韵

馀春尚芳菲，中园飞桃李。
是时乃季月，兹日叶上巳。
既有游伊洛，可以祓溱洧。

得性足为娱，高堂聊复拟。

高堂亦有趣，图缋此芳轨。

栖遁称式骖，善政日驯雉。

兰桂观往辙，簪裾蹑前趾。

啼禽静或喧，花落低还起。

水雾遥混杂，山云远相似。

坐客听一言，随吾袪俗鄙。

这是在玄圃的一处高堂前，晚春桃李芳菲，落花低还，鸟儿有时安静有时喧闹，远处水雾山云迷蒙。陈后主带领他的文臣点缀太平，寻幽访趣，得其所哉。

看来，陈后主的玄圃既宽阔又精致，景点众多，风格变幻，又接近自然，是举办文会的乐园。

七夕也是重要的节日，陈后主流传下来六首七夕诗。其中《同管记陆瑜七夕四韵》《同管记陆琛七夕五韵》和《七夕宴重咏牛女各为五韵》，皆咏牛女故事，文笔很美，然大体无关宫廷风景。《初伏七夕已觉微凉既引应徐且命燕赵清风朗月以望七襄之驾置酒陈乐各赋四韵之篇》写七夕望月乞巧，文酒欢会，歌舞陪伴，“管弦檐外响，罗绮树中鲜”，景物比较普通。《七夕宴宣猷堂各赋一韵咏五物自足为十并牛女一首五韵物次第用得帐屏风案唾壶履》以五首绝句分咏五个日常器物——帐、屏风、案、唾壶、履。这不仅说明诗歌的细致程度渐趋成熟，也说明富贵之都的日常物品已经做得极其精致美观，可供吟咏。

另外，陈后主还有《宴光璧殿咏遥山灯》和《三善殿夕望山灯》，都极精致地描画远处山上的华美灯光，可能在那个时代，山上的灯火是新鲜罕见的事物，很有观赏价值，因此引得陈后主和江总不厌其烦地描写。陈后主还有两首七夕诗。

七夕宴玄圃各赋五韵

殿深炎气少，日落夜风清。

月小看针暗，云开见缕明。

丝调听鱼出，吹响间蝉声。

度更银烛尽，陶暑玉卮盈。

星津虽可望，讵得似人情。

地点仍然是玄圃，却因为节候的不同和前面上巳时的景色完全不一样。七夕之夜，在凉爽的深宫，月小云开，清风飘拂。丝竹吹奏，鱼儿游动，蝉声断续。夜深了，银烛将尽，却又一次斟满玉杯。此番景致，星津又何似在人间呢？

七夕宴乐修殿各赋六韵

秋初芰荷殿，宝帐芙蓉开。

玉笛随弦上，金钿逐照回。

钗光摇玳瑁，柱色轻玫瑰。

笑靥人前敛，衣香动处来。

非同七襄驾，讵隔一春梅。

神仙定不及，宁用流霞杯。

这一首诗着重写乐修殿饮宴的歌舞奢华。殿近水边，周围是荷花。帐幔华丽，乐器精美，美人的穿着妆饰华丽富贵，笑容可爱。作者甚至感到，这生活，天上的神仙隔河相望都不能相比。是的，至美的园林、风雅的诗会、歌舞的美人，这些人间的享受足以让陈后主满足，还管什么家国将来。

陈后主又有一首写于重阳节的诗。

五言同管记陆瑜九日观马射

晴朝丽早霜，秋景照堂皇。

干惨风威切，荷雕池望荒。

楼高看雁下，叶散觉山凉。

歇雾含空翠，新花湿露黄。

飞禽接旆影，度日转铍光。

连翩北幽骑，驰射西园傍。

勒移玛瑙色，鞭起珊瑚扬。

已同过隙远，更异良弓藏。

且观千里汗，仍瞻百步杨。

非为从逸赏，方追塞外羌。

推测这次观马射的地点仍然是玄圃。深秋的玄圃，景色有些萧飒。秋日的阳光依然明亮，但天气已有微霜，属于秋高气爽。风很大，荷花凋谢，树叶飘散，雾色空翠，菊花带露开放。马勒是玛瑙色，马鞭上点缀着珊瑚，装饰精美。在陈后主心中，虽已是太平盛世，却仍怀着远征塞外的抱负。

另外，陈后主还有一首祝贺冬至的聚会诗。

五言画堂良夜履长在节歌管赋诗迾筵命酒十韵成篇

季冬初阳始，寒气尚萧飒。

原叶或委低，岫云时吐欲。

雕树乍疏回，远峰自重沓。

云兴四山霾，风动万籁答。

肃肃凝霜下，峨峨层冰合。

复殿可以娱，于兹多延纳。

迢迢百尺观，杳杳三休阁。
前后训导屏，左右文卫匝。
进退簪缨移，纵横壮思杂。
幸矣天地泰，当无范睢拉。

履长代表冬至，这是写冬天的画堂夜会。读来拗口，因为所得韵脚不好。但也正因了这些别别扭扭的练习，陈后主才有写出其他佳作的资本。虽然冬天寒气萧飒，云霾冰霜，树枝凋疏，远山暗淡，可毕竟是江南，此刻亦可娱情。楼阁高高，宫殿多间，官员都在这里作诗。作者感受到太平盛世的氛围，壮思纵横。

陈后主还有两首平日的饮宴诗。

宴詹事陆缮省

禁闼九重中，宴赏三春日。
云收山树隐，叶长宫槐密。
水绿已浮苔，花舒正含实。

这是真正的庭院深深，九重深宫之中，晚春了，远望树色朦胧，近处宫槐浓密，小池里浮着绿苔，庭院中花朵舒展。

晚宴文思殿

晚日落馀晖，宵园翠盖飞。
荷影侵池浪，云色入山扉。
萤光息复起，暗鸟去翻归。
乐极未言醉，杯深犹恨稀。

晚上在文思殿，大臣的车驾飞驰到这里。天晚了，看不见远山，近处荷叶的影子在波浪里起伏漂荡，萤光忽明忽暗，鸟儿飞去飞来，看不真切。面对这样的情景，作者感到欢乐苦短。

玄圃，这是陈后主吸收生命营养的地方，是他那许多著名文会举办的场所。江南的玄圃山水相映，云霞变幻，花鸟鱼荷，似乎有数不清的美丽，再加上美人歌舞音乐，文臣陪侍，比较起国事的不景气，这成了陈后主无比倾心沉醉的空间。

当然，玄武湖和钟山一样，也有雄壮之风，“全无心肝”的陈后主的诗也并不局限于江南婉媚的风格。在亡国前三年，他写《幸玄武湖饯吴兴太守任惠》：“寒云轻重色，秋水去来波。”风景非常壮观。更壮观的是，亡国入北之后，他又感受到北方风土的阳刚之气，写《入隋侍宴应诏》诗：“日月光天德，山河壮帝居。”大有豪放之气。山川风景、经济生活，竟能如此感染人。

当然，宁静的风格也会培养他的端重，比如在寺庙，他有《同江仆射游摄山栖霞寺》诗：“鹫岳青松绕，鸡峰白日沈。天迥浮云细，山空明月深。摧残枯树影，零落古藤阴。霜村夜乌去，风路寒猿吟。”日落西山，青松鹫岭，天高云细，明月空山，枯树残枝，古藤零落，霜村风路，夜乌寒猿，蓦然间那么沉重，只令人有出世之想。环境究竟是怎么影响人的？特别是这位陈后主，可以让人沉思。

陈后主在乐府诗里的景物环境，则是一味绮丽清新。最有名的是《歌》中的“玉树后庭花”，《玉树后庭花》中的“丽宇芳林对高阁”“玉树流光照后庭”，真是写尽了江南末世宫廷的绮丽华艳，又仿佛不是实景。还有《古曲》：“桂钩影，桂枝开。紫绮袖，逐风回。日明珠，色偏亮。叶尽衫，香更来。”《听筝》中的“文窗玳瑁”“香帷翡翠”“兰膏”，看来只是描摹景物，而景物陪衬的是人。只有景物和人的风格完全同一的时候，才能这样写。所以，陈后主的经济生活环境和他本人的关系，颇值究索。

乐府里面，有几首其实算是描写实景的。如《梅花落》之一：

春砌落芳梅，飘零上凤台。
拂妆疑粉散，逐溜似萍开。
映日花光动，迎风香气来。
佳人早插髻，试立且徘徊。

这仍旧属于很细致的咏物诗，像前面几首一样。物是精致的，梅花落下的形态、光泽、香气，极尽绮丽温柔。

又如《三洲歌》：

春江聊一望，细草遍长洲。
沙汀时起伏，画舸屡淹留。

春天柔嫩的细草，起伏的沙岸，淹留的画船，真是清新柔软极了。

又有《临高台》：

晚景登高台，回望春光来。
雾浓山后暗，日落云傍开。
烟里看鸿小，风来望叶回。
临窗已响吹，极眺且倾杯。

春光正浓时，日落，雾浓，远处是鸿雁，近处是徘徊的树叶，临窗有乐声。春色的细致和浓厚，只能是江南才有。

陈后主的文章，《夜亭度雁赋》专写大雁，仍有点咏物赋的特点，但“春望山楹，石暖苔生。云随竹动，月共水明”几句，传神地展现了江南春夜的景色。在《与江总书悼陆瑜》中，“每清风明月，美景良辰，对群山之参差，望巨波之滉瀁。或玩新花，时观落叶。既听春鸟，又聆秋雁”，重现了他组织文会的玄圃风景，优美异常。同时，《题江总所撰孙玚墓志铭后四十字》的“秋风动竹，烟水惊波”，《扬都兴皇寺释法朗墓铭》中的“辽夐空岑，摇落寒侵。弦馀月暗，雾下松深。香灭穷垄，幡横宿林。切切管清，遥遥鼓声。野烟四合，孤禽一鸣。风悽呗断，流急寒生”，凄寒的景物，以深沉端重的风格在文中表现。以上三篇，分别作于太建末和陈后主做皇帝之后。

陈后主酷爱他的风景，以至在即位后的诏书中，出现了温暖莹洁的景物画面，“阳和在节，膏泽润下，宜展春耨，以望秋坻”（《课农诏》），“蕙房桂栋”“芳蘩洁潦”（《改筑孔子庙诏》）。

可见，宫廷园林构成了陈后主的生活空间，欢乐的文会则是他热爱的生活内容。这个习惯在他二十来岁做太子之后的十四年间已经形成并且根深蒂固。这十几年，他不需要操心任何国事，又有较雄厚的物质基础。继位后他个人的经济生活水准更奢华，可以更方便地沉浸于后庭的长夜之饮。他的玩乐更无拘无束，不忧稼穑艰难，不忧礼义可惧，不忧亡国可怕，一句话，过着所谓“狎客”的生活。同时，宫廷园林中的文会玩赏培养了他的艺术敏感和艺术气质，使他总是忘我忘国地投入对风景和女性美丽的欣赏。

江总的幽静宅园

江总一生接触的环境极丰富，其中对他最重要的当然还是自己的宅园。在陈朝，江总宅以富贵和孙玚宅齐名，“南朝鼎族多夹青溪，江令宅尤占胜地”（宋张敦颐《六朝事迹编类》）。江总写到它时，总爱用“还”字，显示出强烈的归属感。

江总宅的特点是幽静，他在宅园里的心境通常是宁静的，尤其是在夏日。

夏日还山庭

独于幽栖地，山庭暗女萝。
涧渍长低筱，池开半卷荷。
野花朝暝落，盘根岁月多。
停樽无赏慰，狎鸟自经过。

园庭傍山而建，环境幽暗。有溪涧和池塘，植物是盘根的古树、藤萝、低草、野花、荷花，还有鸟。整个环境让人忘却世事，沉浸低回。

冬天怎样呢？

岁暮还宅

悒然想泉石，驱驾出城台。
玩竹春前笋，惊花雪后梅。
青山殊可对，黄卷复时开。
长绳岂系日，浊酒倾一杯。

这里说到宅园在城外，还种了竹和梅，它们在江南的冬天却透露着春的明丽。江总在这里的生活内容是什么呢？翻开书卷，饮点浊酒。

园里种了樱桃，“山樱助落晖”（《春日》），“户对忘忧草”（《春夜山庭》）。据《山庭春日》，山庭有奇石、小洲，“危石耸前洲”；有柳树、石榴，“岸绿开河柳，池红照海榴”；有虫鸣，“山虫讵识秋”。

入隋后，江总在《于长安归还扬州九月九日行薇山亭赋韵》中还提到园里的菊花："故乡篱下菊，今日几花开？"在《南还寻草市宅》写到故园一片荒芜："见桐犹识井，看柳尚知门。花落空难遍，莺啼静易谊。"

从江总这些于不同情境下写于庭园的诗，我们可以大致了解江令宅在当时的全貌。这所富贵之宅，设计在当时来说是非常精心的，池塘溪涧、四时花树、鸟儿虫子，以及其他各种人物活动空间，都取自然幽静的风格，这里也成为江总脱去尘俗的外衣、面对自我时很有味道的私密空间。

另外，《衡州九日》写到江总在梁末动乱时的临时居所，"姬人荐初酝，幼子问残疾。园菊抱黄华，庭榴剖珠实"。这也是一个相当不错的小园子，秋天有菊花和石榴，有新酒，有家庭气氛。看来，江总很懂得享受。

江总经常待的另一个环境就是宫廷了。江总的宫廷园林诗，多是文会制作，又多在陈后主朝。这里是江总娱乐赏玩的地方，它的特点是富丽堂皇。不妨看一下他笔下的宫廷。

在断篇《应诏》诗里有两句："绿桷朱帘金刻凤，雕梁绣柱玉盘螭。"这是说绿色的屋椽、雕画的屋梁，红色的竹帘上面刻着金色的凤凰，屋柱上画着白玉色的龙，极其富贵。在写于七夕的《内殿赋新诗》里，"兔影脉脉照金铺，虬水滴滴泻玉壶。绮翼雕甍迩清汉，虹梁紫柱丽黄图。风高暗绿凋残柳，雨驶芳红湿晚芙"，呈现了内殿景物。它高高耸立，有彩色的飞檐、雕画的屋栋，门上是金色的环钮，殿内是龙形玉做的漏壶，室内屋梁像彩虹，有紫色的柱子。江南天气正值秋高气爽，柳叶凋残，呈暗绿色，下过一阵雨，把红色的芙蓉花打湿了。这些宫殿，江南富贵之都的特点非常鲜明。

宫廷里还有殿堂园林。如"水亭通枍诣，石路接堂皇。野花不识采，旅竹本无行。雀惊疑欲曙，蝉噪似含凉。何言金殿侧，亟奉瑶池觞”（《侍宴瑶泉殿》），宫殿掩映在树木中，从水边的亭子经由石路可到，旁边有野花、几丛竹子，鸟雀惊呼，蝉噪知秋。这金殿旁恍如瑶池仙境。在宫廷而有仙趣野趣，所以叫瑶泉殿。

“桥平疑水落，石迥见山开。林前暝色静，花处近香来。”（《侍宴临芳殿》）临芳殿在一片树林前面，花丛旁边，晚间飘来阵阵香气。近处有低低的石桥，远处面山。

“北宫命箫鼓，南馆列旌麾。绣柱擎飞阁，雕轩傍曲池。醉鱼沈远岫，浮枣漾清漪。落花悬度影，飞丝不碍枝。树动丹楼出，山斜翠磴危。礼周羽爵遍，乐阕光阴移。”（《三日侍宴宣猷堂曲水》）相较而言，宣猷堂更加阔大华丽，上巳日宴饮，摆上箫鼓旌旗，奏乐喝酒。雕画的彩柱擎起飞扬的楼阁和台轩，在曲折的池塘边，有枣树、落花，池深处有鱼。旁边山上隐约有红色的楼宇，翠绿的石阶斜斜地通上山去。

“庭晖连树彩，檐影接云光。”（《宴乐修堂应令》）天光云色和后庭飞檐，两相映照。

“翠观迎斜照，丹楼望落潮。”（《侍宴玄武观》）在斜晖和落潮的映衬下，翠绿的台榭和红色的楼宇色彩绚丽。

“虹旗照岛屿，凤盖绕林塘。野静重阴阔，淮秋水气凉。雾开楼阙近，日迥烟波长。”（《秋日侍宴娄苑湖应诏》）娄苑湖的湖岛，映照着彩虹般的旗帜，缭绕着凤凰伞，秋雾散去看到楼阙就在眼前，湖上烟波浩渺，有些凉气，湖畔是浓荫的林野。

“绿溆明层殿，青山照近楼。”（《赋得一日成三赋应令》）远处的青山和近处翠绿的溆浦，映照着层叠的宫殿楼宇。

“丹水波涛泛，黄山烟雾上。风亭翠旆开，云殿朱弦响。”（《咏采甘露应诏》）景色是红色的水汽、黄色的烟雾。烟云缭绕的亭子和宫殿，飘着翠绿的旗帜，朱弦弹奏着音乐。所谓甘露，据《南史·陈后主纪》

载，祯明二年（588），“覆舟山及蒋山柏林，冬月常多采醴，后主以为甘露之瑞”。

总的来说，江总文会诗的宫廷园林特点，一是有着江南的旖旎鲜艳，二是具备宫廷的华丽富贵。相较于陈后主笔下的同样景观，金碧辉煌的特点更突出。这是因为陈后主长在宫廷，可能对宫廷的华贵视而不见，而当走进玄圃的时候，他接触到了美丽的大自然，相较而言感触更多。而江总更熟悉真正的自然，当他来到宫廷园林里时，感受更多的是豪华富贵。感受不同，并不妨碍他们在文会中获得快乐。

需要指出的是，无论是陈后主还是江总，创作的这类诗都不是很精彩。或许，过于程序化的聚会很难激起心中真正的灵感；或许，过于呆板的格律要求限制了感情的抒发。但是，文会同时也锻炼了他们作诗的才能。所以，当他们真正自由地表达擅长的内容，或是真正进入自我的感情空间时，才会有令人惊叹的作品诞生。

江总常待的第三类环境是寺庙，这里是他净化心灵的修心之所，所以环境特点是庄重沉静。江总在梁末动乱时避乱会稽，有《入龙丘岩精舍》诗：

法堂犹集雁，仙竹几成龙。
聊承丹桂馥，远视白云峰。
风窗穿石窦，月牖拂霜松。
暗谷留征鸟，空林彻夜钟。
阴崖未辨色，叠树岂知重。
溘此哀时命，吁嗟世不容。
无由访詹尹，何去复何从。

在崖边深谷，重叠的树林里，有庄严的法堂，窗如石窦，门似月亮，旁边种竹和丹桂，有鸟过，夜里有钟声，远处是白云峰。

大约同一时期，江总在会稽龙华寺作《修心赋》："野开灵塔，地筑禅居，喜园迢递，乐树扶疏。经行藉草，宴坐临渠。"据江总的序说，此寺是其祖辈所建。寺塔建在林野里，周围植树，旁边有草有池。

江总在岭南，有《经始兴广果寺题恺法师山房》："竹近交枝乱，山长绝径深。"寺宇在山径的深处。这是远离尘世的宁静修心之所。

太建年间，江总有《庚寅年二月十二日游虎丘山精舍》：

纵棹怜回曲，寻山静见闻。
每从芳杜性，须与俗人分。
贝塔涵流动，花台偏领芬。
蒙茏出檐桂，散漫绕窗云。
情幽岂徇物，志远易惊群。
何由狎鱼鸟，不愿屈玄纁。

寺在苏州虎丘山，宁静的山间，溪涧迂回之处，中有贝塔、花台，植芳草桂树，云雾树丛缭绕。太建年间还有《明庆寺》诗："山阶步皎月，涧户听凉蝉。"这些寺宇坐落在人烟稀少、环境清幽的山间，自然景色和建筑风格都颇具江南特色。

江总最常去的寺宇是摄山栖霞寺，那是在至德、祯明年间。其《摄山栖霞寺碑》，"山情率易，野制疏朴。崖檐峻绝，涧户幽深。卉木滋荣，四时助其雕绮；烟霞舒卷，五色成其藻绚"，点画出山寺建造朴野的特点。寺在崖边深谷里，四周花木烟霞自然绚丽，它和四周的山景融为一体。《静卧栖霞寺房望徐祭酒》："连崖夕气合，虚宇宿云霾。卧藤新接户，欹石久成阶。"寺宇间烟云缭绕，藤蔓贴近，山石时间长了，成为台阶。

《摄山栖霞寺山房夜坐简徐祭酒周尚书并同游群彦》："山窗叶去寒。"还有《入摄山栖霞寺》《营涅槃忏还涂作》《至德二年十一月十二日升德施山斋三宿决定罪福忏悔》。在栖霞寺，常常分不清哪是纯自然，哪是人造。情景交融，融入自然，这个特点在寺宇环境中尤为突出。所谓"保自然之雅趣，鄙人间之荒杂"（《修心赋》）。

江总还有《大庄严寺碑》，写京城里的寺庙，有些华贵。另外，除了佛教寺宇外，还有战乱时的儒家庙宇，清冷寂寞。如《下山楚庙》："闲阶薙宿莽，古木断悬萝。帷堂寂易晚，桴鼓自相和。"阶上长满野草，藤萝蔓延，帷堂寂寞，鼓槌声音清冷。《摄官梁小庙》："虚檐静暮雀，洞户映光丝。"屋檐已被鸟雀占据，窗上结了丝网。江总选择了这样的地点，也是当时心理需要的对应吧，对应寥落的心情。

江总接触环境非常丰富。除了宅园、宫廷和寺庙，还有其他的环境，大抵是江南人文风景。如《梅花落》，虽假托长安，实际上梅花的绮丽江南最别致，"可怜芬芳临玉台"，"满酌金卮催玉柱，落梅树下宜歌舞"，"杨柳条青楼上轻"，"横笛短箫悽复切"。金卮、玉柱、玉台的华丽是为了配梅花的明丽，横笛短箫，风情宛然，这时楼头的杨柳刚刚泛青。这样的景致陶冶着江总的美感。《长相思》之二："春风送燕入檐窥，暗开脂粉弄花枝。"春天燕儿在檐上窥见女主人在摆弄脂粉花枝。《姬人怨》："庭中芳桂憔悴叶，井上疏桐零落枝。"庭中桂树，井上疏桐，在江南长有。还有岭南景物，如《秋日登广州城南楼》："秋城韵晚笛，危榭引清风。"秋晚，在高高的台榭上听笛声。

总之，江总虽不一定出身高贵，但是一生富贵。以一人之身，经历了梁、陈两代亡国。他所处的环境非常丰富，宅园是他自我沉浸的地方，宫廷是娱乐之处，寺庙乃修心之所。江南普遍环境的旖旎华丽，也深深地影响着江总，丰富了他的心灵和性格。

徐陵的山斋和山池

徐陵是东海郯人。他在《在北齐与宗室书》中讲他的故乡，“临淮负海，是谓徐州，颛顼高阳，世有明德”，他的祖辈“金柯玉叶，霞振云从，耆旧通人，茂才多士”，他的家族，“吾宗虽广，未有骈枝，咸自驹王，同分才子”，充满了名门世族的骄傲。但是，徐陵对江南有强烈的乡土认同感，“三百年来，家于扬越，此则卢谌不去，裴宁仍留”。

说起徐陵宅，仿佛又意味着豪奢，然而这是不能确定的。宋代张敦颐的《六朝事迹编类》里讲“南朝鼎族多夹青溪”，并提到陈代的豪宅江令宅和孙玚宅，但没有提到徐陵宅。现在能找到的徐陵宅记录，见于徐陵本人《与顾记室书》，上面说“吾市徐枢宅，为钱四万，任人市估，文券历然”。大概这个徐枢宅，就是徐陵的生活大本营。南朝江南园林已经发展得很有味道，但是，徐枢宅这个名字好像引不起我们关于园林的遐想。

徐陵的生活环境究竟怎样呢？在他自己的诗作中，居住环境的景象和史书描写还是有很大不同的。

徐陵在诗中明确描写自己的园林，如《内园逐凉》：

昔有北山北，今余东海东。
纳凉高树下，直坐落花中。
狭径长无迹，茅斋本自空。
提琴就竹筱，酌酒劝梧桐。

作者纳凉的地方——内园，应该是自己的私密空间，而不是皇家园圃。看来这时的作者很惬意，在政治环境里夕惕若厉，而此刻几乎完全放松下来。内园的面貌怎样呢？这肯定是一个经过设计的园林，中心景观是茅斋一座，而且是空的。当然，这里特意安排的茅斋并不表示作者真的清贫，只是文人高雅淡泊风度的象征。作者的道具是琴和酒，这格调也不是贫寒家庭能轻易追求的。园里布置了一些花树，树木如梧桐，高大有浓荫，配以小竹子。可见，徐陵在乱世依然保持着他的经济水准，进而维持高贵的品位。

更可能的情形是，这个内园是徐陵在梁末动乱前的家宅，因为后面的几首还写到山斋和山池，有的是和梁简文帝唱和之作。那时徐陵不到四十岁。

山斋

桃源惊往客，鹤峤断来宾。
复有风云处，萧条无俗人。
山寒微有雪，石路本无尘。
竹径蒙笼巧，茅斋结构新。
烧香披道记，悬镜厌山神。
砌水何年溜，檐桐几度春。
云霞一已绝，宁辨汉将秦。

从茅斋的称呼基本上可以判定，这仍是徐陵的宅园。看得出来，茅斋、竹径、石路、台阶等设计非常新巧，梧桐傍岩石，隔断尘烟，山中有微雪、溪水和云霞，作者甚至附庸风雅，从事仙道内容，喻此山斋为桃源。然而，这样的桃源绝不是飘在天上的，再好的品位也是经济的结晶。

奉和简文帝山斋

架岭承金阙，飞桥对石梁。

竹密山斋冷，荷开水殿香。

山花临舞席，冰影照歌床。

这一首诗里的山斋和下面两首诗里的山池，不一定是徐陵的园宅，可能属于简文帝，但肯定是徐陵熟稔的环境。这座园林是富贵的，有金黄色顶的楼阙经过一番认真的设计，构建山斋宫殿，点缀小桥，种上翠竹、荷花，还有歌舞相伴。环境精巧，情调悠闲惬意。

山池应令

画舸图仙兽，飞艎挂采斿。

榜人事金桨，钓女饰银钩。

细萍时带楫，低荷乍入舟。

猿啼知谷晚，蝉咽觉山秋。

这首诗里的山池绝对富贵，有画船、彩旗、金桨、银钩。诗人的体验很细致，细微的浮萍、低落的荷叶，都构成了境界。华丽、精致，像徐陵的很多诗一样，雕琢刻画的宫体面貌尚存，景物也是做作的。

奉和山池

罗浮无定所，郁岛屡迁移。

不觉因风雨，何时入后池。

楼台非一势，临玩自多奇。

云生对户石，猿挂入檐枝。

看来，这座园林中，在水边垒了假山，工程不小。楼台风格变幻，很有创意。景物布局有点复杂，很有境界。从这几首诗看，徐陵的格调是培养在颇有富贵气息的生活环境中的，和宫廷很亲近。当然，这里反映的是梁代动乱之前的情形，会对以后的精神境界形成心理定式。

从徐陵的其他景物诗，甚至其他题材的诗里，可以更多地了解他的经济生活环境。它的主体就是精致的园林，比如《侍宴》中的“园林才有热，夏浅更胜春。嫩竹犹含粉，初荷未聚尘”，《春日》中的“帘摇惊燕飞”“落花承步履”。

徐陵诗还写到春天里人的活动，很有特色，如前文提到的《春情》。

徐陵的《和梁简文帝赛汉高帝庙》还记载了一次赛庙的情形，诗中“玉碗”“金灯”“丹帷”“绀席”“钗低”“舞妍”“华篇”等词，带着浓厚的温柔富贵气息。《新亭送别应令》《征虏亭送新安王应令》涉及的两座亭子，都是去北行人的出发点，新亭还留下了东晋时过江士大夫“堕泪”的典故，徐陵的这两首诗，虽然辞章不以华丽擅长，却也是以落泪终结，“流睇极清漳”，“流襟动睿情”。而流泪恰恰是典型的江南表情方式，养成于温柔旖旎的生活环境。

徐陵的诗作，绝大多数都是应制和乐府。在精心设计的园林里，吟咏唱和，是梁陈时作诗的情形，这培养了贵族的风雅情调和诗歌技巧。

在徐陵流传下来的骈文中，《玉台新咏序》有“周王璧台之上，汉帝金屋之中，玉树以珊瑚作枝，竹帘以玳瑁为柙”等句，明显是描写江南富贵华丽的生活。

像许多江南的文学家一样，徐陵的作品深受江南经济生活的影响。他写于梁代的关于他生活的园宅的诗，使我们不仅能够具体地了解他的生活环境，同时也能够感受到那种在温柔富贵的环境里培养的高贵悠闲的气质。这种环境自然也培养了他晚年在陈代生活的心理定式。

第八章　南唐君臣的宫廷与园林

李璟的文雅宫廷

李璟的人生，有一半是作为文人存在的。史载李璟和李煜对宫室只是略有营建。李煜宫廷环境的华丽和艺术化是达到极致的，李璟在这方面虽然大大不及李煜，但宫廷环境略有气象。

李璟流传到今天的几首诗写得不怎么好，但可以使我们从中了解他的生活环境。如《游后湖赏莲花》：

蓼花蘸水火不灭，水鸟惊鱼银梭投。
满目荷花千万顷，红碧相杂敷清流。
孙武已斩吴宫女，琉璃池上佳人头。

诗中把莲花比作斩首的美人头，很难看。通过这样的比喻，我们可以明显地看到李璟无论是对宫廷环境的讲究，还是个人欣赏的品位，都与李煜有一段差距。李煜的诗词里更多的是室内和庭院。又如《保大五年元日大雪同太弟景遂汪王景逖齐王景逵进士李建勋中书徐铉勤政殿学士张义方登楼赋》：

珠帘高卷莫轻遮，往往相逢隔岁华。
春气昨宵飘律管，东风今日放梅花。
素姿好把芳姿掩，落势还同舞势斜。
坐有宾朋尊有酒，可怜清味属侬家。

这是历史记载中著名的一次雅集场景，楼上有华贵的珠帘，有音乐，对梅花的品赏也比较细腻。

李璟现存词作虽然只有四首，但都是精品，也许相近似的景物，因了词的品位，而显现出高贵的格调来：

重帘静，层楼迥，惆怅落花风不定。柳堤芳草径，梦断辘轳金井。（《应天长》）

碧砌花光锦绣明，朱扉长日镇长扃。（《望远行》）

手卷真珠上玉钩，依前春恨锁重楼。（《浣溪沙》）

菡萏香销翠叶残，西风愁起绿波间。（《浣溪沙》）

宫廷生活已经显示出一定的精致华美和艺术化：层楼、重楼、小楼，黄金窗、碧砌、朱扉、重帘、真珠、玉钩，炉香、玉笙，芳草径、辘轳金井，花光、残荷、花飘落、丁香结。同时，精美并没有到极致，相反，有些天然韵致，比如惆怅的落花、雨中的丁香，尚不同于七宝楼台。

李璟的生活环境有二：一是文士风雅，也包括宫廷；二是驰骋江山，虽然惨败。李璟宫廷环境有精致华美的倾向，但远不及李后主，也因此或许多了点儿自然韵致。至于李璟其人，显然更适合做文人，更惯于待在富贵秀美的宫廷里。

南唐的周文矩传有《重屏会棋图》（见图 14），描画了李璟和其弟下围棋的情景。画中的大屏风，是白居易的《偶眠》诗意，屏风上还画有一小扇山水屏风，所以名重屏。画作的风格很精雅。其中李璟的高冠很考究。画中人物的肤色、衣服质地细腻，衣服的纹理是“颤笔描”作出的。围棋盘是竹木做的，有三层。榻上被子装在一个木格子里。榻儿上都有装饰。此图可以和《韩熙载夜宴图》参照。

李后主的精致宫廷

李后主亡国之前就沉溺宫廷欢宴，度曲填词“略无虚日”。亡国后习惯也没有改掉。那时的金陵宫廷艺术氛围很浓厚，追求趋向精致，宫中的装饰异常精美，宫中各种器物也极讲究，不妨感受一下。

窅娘以帛绕足，舞金莲上。

窅娘纤丽善舞，后主做金莲，高六尺，饰以宝物、细带、缨络。莲中作品色瑞莲，命窅娘以帛绕足，令纤小屈上作新月状，素袜舞莲花中，回旋有凌波之态，由是人皆效之。(《十国春秋》卷一八)

有人据此曰此乃女性缠足之始。今人对此有解释：“正如芭蕾舞足尖技巧造成舞姿轻盈、腾跃等美的效果一样，窅娘的绕足，初意亦不外乎此。只是芭蕾舞兴起未使欧洲女性削足适履，而李后主的发明，酿成了几百年的缠足陋习。”真正的缠足是将脚致残，从女孩子三五岁就开始。唯美的李后主应该不会有这种残忍之举。窅娘缠足只是为了好看。

此外还有锦洞天、天水碧、澄心堂纸、砚山等。

李后主每春盛时，梁栋窗壁，柱拱阶砌，并作隔筒，密插杂花，榜曰锦洞天。(《清异录》卷上)

煜之内人染碧，夕露于中庭，为露所染，其色特好，遂名之。(《五国故事》卷上)

南唐末时前数年，宫人挼蔷薇水染生帛，一夕忘收，为浓露所渍，色倍鲜翠。因令染坊，染必经宿露之，号为“天水碧”，宫中竞服之。(宋张敦颐《六朝事迹编类》卷下)

李后主留意笔札，所用澄心堂纸、李廷珪墨、龙尾石砚，三者为天

下之冠。（宋李之彦《砚谱》）

江南李后主宝一研山，径长才踰咫。前耸三十六峰，皆大犹手指。左右则引两阜陂陀。而中凿为砚。（宋蔡絛《铁围山丛谈》卷五）

相较于其他各国和北方的战乱萧索，五代南唐时的金陵是个太富饶、太繁荣，也太美丽的地方。从历史看，六朝时初具雏形的江南都城经过岁月的熏陶，此刻已经极尽精致和完美。比如著名的玄武湖，已是"名园胜境，掩映如画，六朝旧迹，多出其间"（《南唐近事》卷一）。李后主宫中的布置非常精致华美，而且艺术品位很高，以至有脱离现实的诗幻色彩。这是李后主宫廷环境的一个典型特征。精致华美是它的普遍品质。这从李后主自己的诗词里显示出来。

李后主宫廷的器物、女子的衣饰，以及寻常景物，都极其精致。李后主在大周后去世后写的悼念诗句，描述了她用过的物品。"玉笥犹残药，香奁已染尘"（《挽辞》），"汗手遗香渍，痕眉染黛烟"（《书灵筵手巾》），"天香留凤尾，馀暖在檀槽"（《书琵琶背》），玉笥、香奁、手巾、琵琶，精致到可以反复把玩，予人遐想。

前文也说过，大周后曾设计"高髻纤裳及首翘鬓朵之妆"，人人仿效。

小周后的乐器玉笙，非常精美，"铜簧韵脆锵寒竹，新声慢奏移纤玉"（《菩萨蛮》）。

两个周后的衣饰精美超逸。如"淡淡衫儿薄薄罗"（《长相思》）的"天水碧"，清空素淡，不禁让人想起当时金陵的著名衣料。又如"刬袜步香阶，手提金缕鞋"（《菩萨蛮》），"蓬莱院闭天台女，画堂昼寝人无语。抛枕翠云光，绣衣闻异香"（《菩萨蛮》），"罗袖裛残殷色可，杯深旋被香醪涴。绣床斜凭娇无那"（《一斛珠》），"雨云深绣户"（《菩萨蛮》）。熏了异香的绣衣、深红色的罗袖、金缕鞋，美酒、绣床、珠琐、香阶、绣户、画堂，蓬莱仙境一样的庭院，搭配得美妙绝伦。

连种梅花，他们也非常讲究。“殷勤移植地，曲槛小栏边……阻风开步障，乘月溉寒泉”（《梅花》），挑好地方，围一圈小曲栏，用布帐挡住风，在月下用清凉的泉水灌溉，多么精致娇弱啊！

李后主想象的景物，都以宫廷为蓝本，因为那是他出生和成长的地方。“樱花落尽阶前月，象床愁倚薰笼……纱窗醉梦中。”（《谢新恩》）“辘轳金井梧桐晚……百尺虾须上玉钩。琼窗春断双蛾皱……”（《采桑子》）薰笼、象牙床、缀珠窗帘、琼窗、纱窗、阶前院内的樱花、梧桐、金井，依然是金雕玉琢。一句话，李后主的宫廷陈设，可用“雕栏玉砌”四个字代表。

那么室外的风景呢？有时候，因为特定的情境，比如大周后刚去世时，《感怀》诗里，风景是凄凉的，“一楼烟雨暮凄凄”。或者作者生病时，《病中书事》中，景物显得幽静，“门扃幽院只来禽”。总的来说，南唐金陵景物华贵婉约，比六朝要精致得多。但最明显的变化在于六朝诗中风景还是比较单纯，比如陈后主在玄圃的诗中所描画的那样，但是到了南唐，你很难把纯粹的风景从诗词中提炼出来，情景已经融为一片，所谓情景交融吧，人和环境更加亲密。

值得注意的是，李后主笔下的风景，偏于带有惆怅感伤的色调，这是为什么呢？是六朝悲剧的积淀，还是灭亡氛围的感染？也许都有。但更重要的原因是，温柔婉约的江南风景和人的感情交融以后，更容易体现的对应情感应该是软弱、敏感、伤感。《颜氏家训》云：“别易会难，古人所重。江南饯送，下泣言离。北间风俗，不屑此事，歧路言离，欢笑分首。”正是此意。

“亭前春逐红英尽，舞态徘徊。细雨霏微……绿窗冷静芳音断，香印成灰……”（《采桑子》）“啼莺散，馀花乱，寂寞画堂深院。”（《喜迁莺》）“秦楼不见吹箫女，空馀上苑风光。粉英金蕊自低昂。东风恼我，才发一衿香。琼窗梦笛留残日……碧阑干外映垂杨……”（《谢新恩》）“深院

斜倚薰笼图 ｜ 清 ｜ 禹之鼎 ｜ 大英博物馆藏

静，小庭空，断续寒砧断续风……数声和月到帘栊。”（《捣练子令》）那亭前飘飞的红英，啼莺散后飘舞的花瓣，上苑里粉色的花蕊刚刚绽放，在那清冷的绿窗外，或者寂寞的画堂深院，或者碧栏杆外，或者在暮色笛声中，总之，它是那样的细腻、美好和惆怅。夜晚隔着帘栊听到的断续寒砧，引发伤感的情绪。此番景物怎不惹人流连伤感？

特别是在李后主亡国后追忆的家国。“南国正清秋。千里江山寒色远，芦花深处泊孤舟。笛在月明楼。”（《望江梅》）“想得玉楼瑶殿影，空照秦淮。”（《浪淘沙》）“三千里地山河。凤阁龙楼连霄汉，玉树琼枝作烟萝。”（《破阵子》）记忆中的意象有时可能比实景更壮丽，凤阁龙楼连着云霄，树枝都似美玉做成，楼宇宫殿也如珠玉。如此景致，凄寒空冷之感还是油然而生，伴着月下楼上的笛声。

李后主有两首《渔父》词，是他想象的渔父逍遥自在的生活。“浪花有意千重雪，桃李无言一队春。一壶酒，一竿身”，“一棹春风一叶舟，一纶茧缕一轻钩。花满渚，酒满瓯，万顷波中得自由”。如雪的浪花，桃李、春风、满渚鲜花，这大概是所有此类诗词中最艳丽、最精美的两首吧。

李后主宫廷生活的情景不是只有华丽享乐，而是充满了浓厚的艺术气息。如《玉楼春·晚妆初了明肌雪》，又如《浣溪沙》：

红日已高三丈透，金炉次第添香兽。红锦地衣随步皱。
佳人舞点金钗溜，酒恶时拈花蕊嗅。别殿遥闻箫鼓奏。

宫廷歌舞多么优美，作者一遍遍看着霓裳羽衣舞，深深沉浸，醉拍栏杆，夜深了，兴犹未尽，踏马赏月。睡到红日三竿，金炉添香，重又欣赏歌舞，酒恶时嗅嗅花蕊，是处莺歌燕舞。直到“落花狼藉酒阑珊，笙歌醉梦间”（《阮郎归》）。此情此景，怎不令人沉醉？

在亡国后的回忆中，江南的宫廷更加繁华热闹。

还似旧时游上苑，车如流水马如龙。花月正春风。(《望江南》)

南国正芳春。船上管弦江面绿，满城飞絮滚轻尘。(《望江梅》)

上苑里正是春风得意，车如流水马如龙。江上管弦齐奏，满城飞絮车尘。怎不令人备加思恋？正因为是思恋中景，反而可能比实景更热闹、更典型。

李后主亡国后的作品里，景物依然看不到北方豪放的特点，似乎还是江南。原因是李后主入北以后，生活环境只是一个小小的庭院，不能深切感受北方氛围。更主要的是，早年的环境在李后主的头脑里已经根深蒂固，形成思维定式，况且他又是那么怀念那样的环境。

昨夜风兼雨，帘帏飒飒秋声。烛残漏断频欹枕。(《乌夜啼》)

林花谢了春红，太匆匆。无奈朝来寒雨晚来风。(《乌夜啼》)

无言独上西楼，月如钩。寂寞梧桐深院锁清秋。(《乌夜啼》)

风回小院庭芜绿，柳眼春相续。凭阑半日独无言，依旧竹声新月似当年。(《虞美人》)

触目愁肠断。砌下落梅如雪乱，拂了一身还满。(《清平乐》)

秋风庭院藓侵阶，一桁珠帘闲不卷。(《浪淘沙令》)

帘外雨潺潺，春意阑珊。罗衾不耐五更寒。(《浪淘沙》)

春花秋月何时了，往事知多少。小楼昨夜又东风。(《虞美人》)

乍看仿佛仍是江南，仔细寻读，气候显然更加寒冷和严酷，富贵精致的气息，毕竟比前期少了许多。

器物的精致华美，风景的温柔细腻，宫廷享乐的艺术化，构成了李后主的生活环境；再加上这是他生活的单纯空间，并走不出这个空间，从而使李后主只识得“雕阑玉砌”，不识人间烟火。这样就培养了他唯美和理想的品格，以及伤感、软弱和对富贵的依赖。

另外，相传南唐周文矩画有《合乐图》（见图 10），内容是皇室贵族在庭院里欣赏女乐演奏。画卷左半部是听乐的男女主人和侍从。乐队分左、右两侧，对称排列。左侧女乐所奏乐器为琵琶、竖箜篌、筝、方响、笙、细腰鼓、横笛、觱篥、拍板；右侧除以尺八代替觱篥外，其余乐器及排列次序与左侧相同。图中琵琶有四至五个品位，用手指弹奏而不用拨子；筝为十三弦，柱位排列清晰可辨。女乐坐席尾端置建鼓，由一人击奏。此画再现了五代宫廷女乐的奏乐场面。

周文矩《宫中图卷》中的琴阮合奏，画面是三位妇女倾听两个宫伎演奏，一人低头弹阮，一人席地鼓琴，神态悠闲自若。原画是一幅长卷，内容都是宫廷习见的日常活动，表现宫闱生活的某些侧面。

冯延巳的飞花庭院

从冯延巳的词，我们可以看到他所处的环境主体是庭院。对于他来说，徐陵的山斋太高雅，江总的宅园又太幽静。冯延巳的庭院具有五代的精致，集中体现了江南景物富贵、艳丽、温柔的特点。最典型的如《谒金门》中的描写：“风乍起，吹皱一池春水。闲引鸳鸯芳径里，手挼红杏蕊。斗鸭阑干独倚，碧玉搔头斜坠。”池塘、芳径、斗鸭栏杆、鸳鸯，女主人佩戴碧玉搔头，一看即知，这是富贵人家的院落。

又如《蝶恋花》：

六曲阑干偎碧树，杨柳风轻，展尽黄金缕。谁把钿筝移玉柱，穿帘海燕双飞去。

满眼游丝兼落絮，红杏开时，一霎清明雨。浓醉觉来莺乱语，惊残好梦无寻处。

六曲栏杆，钿筝玉柱，自不寻常，以至杨柳叶子如黄金线，红杏和黄莺也配得起这份富贵。富贵景象是冯延巳笔下庭院的主体，其他如：

高烧银烛卧流苏。(《金错刀》)

云屏冷落画堂空。(《虞美人》)

高楼帘幕卷轻寒。(《临江仙》)

绡帐泣流苏，愁掩玉屏人静。(《如梦令》)

玉堂香煖珠帘卷，双燕来归。(《采桑子》)

水殿灯昏，罗幕轻寒夜正春。(《采桑子》)

屏上罗衣闲绣缕，一晌关情，忆遍江南路。(《蝶恋花》)

娇鬟堆枕钗横凤，溶溶春水杨花梦。红烛泪阑干，翠屏烟浪寒。(《菩萨蛮》)

黄昏独倚朱阑，西南新月眉弯。砌下落花风起，罗衣特地春寒。(《清平乐》)

银屏梦与飞鸾远，只有珠帘卷。杨花零落月溶溶，尘掩玉筝弦柱、画堂空。(《虞美人》)

更听笙歌满画船。(《采桑子》)

石城花雨倚江楼，波上木兰舟。(《喜迁莺》)

由上引这些词所呈现的环境，无疑都是显示了富贵——银烛、玉筝、罗衣、流苏、绡帐、罗幕、珠帘、翠屏、云屏、玉屏、银屏、画堂、玉堂、高楼、朱栏、画船、木兰舟。不只富贵，这些景物还带有自然清丽的色泽。

摹周文矩宫中图（局部）| 南宋 | 佚名 | 美国克利夫兰艺术博物馆藏

月影下重檐，轻风花满帘。(《菩萨蛮》)

廊下风帘惊宿燕。(《酒泉子》)

飞絮入帘春睡重。(《上行杯》)

飘飞的帘幕，伴着飞花和柳絮。

楼前风重草烟轻。(《抛球乐》)

小庭雨过春将尽，片片花飞。(《采桑子》)

小桥清水共盘桓。波摇梅蕊伤心白，风入罗衣贴体寒。(《抛球乐》)

满院春风。惆怅墙东，一树樱桃带雨红。(《采桑子》)

海棠零落。乍倚遍，阑干烟淡薄，翠幕帘栊画阁。(《思越人》)

洞房深夜笙歌散，帘幕重重。斜月朦胧，雨过残花落地红。(《采桑子》)

花露重，草烟低，人家帘幕垂。秋千慵困解罗衣，画梁双燕栖。(《阮郎归》)

庭院里是飞花的世界，嫩草芊绵，花含露水，梅花雪白，樱桃鲜红，海棠零落，红红的花瓣落到地上。

绿水新池满。双燕飞来垂柳院，小阁画帘高卷。(《清平乐》)

飘尽碧梧金井寒。(《抛球乐》)

小院新池月乍寒。(《抛球乐》)

雾濛濛，风淅淅，杨柳带疏烟。飘飘轻絮满南园，墙下草芊绵。(《喜迁莺》)

香闺寂寂门半掩。(《归国谣》)

南园春半踏青时，风和闻马嘶。青梅如豆柳如丝，日长蝴蝶飞。(《阮郎归》)

罗幕遮香，柳外秋千出画墙。(《上行杯》)

家住柳阴中，画桥东复东。(《菩萨蛮》)

庭院里池塘水满，双燕飞来，碧梧金井，杨柳疏烟，青梅蝴蝶，秋千画墙，构成艳丽的世界。

梅花吹入谁家笛，行云半夜凝空碧。(《菩萨蛮》)

燕初飞，莺已老，拂面春风长好。(《喜迁莺》)

攲鬟堕髻摇双桨，采莲晚出清江上。(《菩萨蛮》)

石城山下桃花绽，宿雨初晴云未散。(《应天长》)

江上晚山三四点，柳丝如剪花如染。(《归国谣》)

芳草长川。(《酒泉子》)

江南春草长。(《菩萨蛮》)

山如黛，月如钩。(《芳草渡》)

庭院外吹梅笛怨，莺莺燕燕，清江采莲，桃花绽雨，芳草长川，柳丝如剪花如染，山如眉黛，月如银钩，共同构成一个艳丽的世界。江南的景色是温柔的，温柔得让人总有些淡淡的伤感。

竹风檐雨寒窗隔。(《归国谣》)

庭际高梧凝宿雾，卷帘双鹊惊飞去。(《蝶恋花》)

霜树尽空枝，肠断丁香结。(《醉花间》)

今宵帘幕飐花阴，空馀枕泪独伤心。(《忆江南》)

笙歌散，梦魂断，倚高楼。(《芳草渡》)

独立小楼风满袖，平林新月人归后。(《蝶恋花》)

天长烟远恨重重。(《酒泉子》)

雨打在竹叶间，檐际窗前，带着轻寒；双鹊惊飞，梧桐叶落，丁香结愁；杨花漠漠，高楼梦断；独立小桥，平林新月；烟水茫茫。景物本温柔，如果稍带落寞和淡淡的愁怨，别有一番滋味，一种情调。

冯延巳在李璟的庐山读书堂建禅寺时，写了《开先禅院碑记》，"栋楹崛起。雕甍绣栱，重栏叠砌。后倚崇崖，前临无地。屈曲延袤，高低迤逦。炳焕丹青，端严塑像"，通过描写可以看出开先禅院已经不是六朝时那一类荒凉的山寺，而是富丽堂皇。

韩熙载的夜宴府第

《同治上江志》载："戚家山，在江宁城南聚宝门外，南唐韩熙载居此。"戚家山在今雨花台附近。韩熙载虽是北方人，长期的江南生活已经将其同化。他后来出使中原，在旅馆里写的《感怀诗》（奉使中原署馆壁）："梦中忽到江南路，寻得花边旧居处。"俨然以江南为归宿，表露了身为江南人的骄傲。

韩熙载诗文流传下来的不多。《溧水无想寺赠僧》写无想寺幽远宁静："无相景幽远，山屏四面开。""药为依时采，松宜绕舍栽。"

《汤泉院碑》写汤泉院的洁净舒适：

凡供养来往缁流万有馀众，造圣贤形像四十馀身，建三门房廊钟楼堂殿屋宇大小总六十间。粉壁丹楹，霞明月皎。香厨丰洁，佛事精严。法侣从之，如泉赴壑。又敕赐汤院，逾七十间。挥锸运斤，为土为水。既宏且壮，不饰不雕。其东西二汤，相去百步。源清流洁，味美香和。

《真风观碑并序》写庐山真风观的雄奇秀美，诗文里体现的环境是秀美舒适的。

庐山之高兮高莫穷。隐映万壑，岩峣数峰。如削如画，凌摩碧空。上有悬流之百丈，恒喷雪而号风。下瞰长江之九派，时吐雾而隐虹。白云兮翠霭，密竹兮高松。清猿之与幽鸟，恣吟啸乎其中。

关于韩熙载的生活环境，最有价值的参考是顾闳中的《韩熙载夜宴图》。据《宣和画谱》：

顾闳中，江南人也；事伪主李氏，为待诏，善画，独见于人物。是时中书舍人韩熙载，以贵游世胄，多好声伎，专为夜饮，虽宾客揉杂，欢呼狂逸，不复拘制；李氏惜其才，置而不问。声传中外，颇闻其荒纵，然欲见樽俎灯烛间觥筹交错之态度不可得。乃命闳中夜至其第，窃窥之，目识心记，图绘以上之。故世有韩熙载《夜宴图》。李氏虽僭伪一方，亦复有君臣上下矣。至于写臣下私亵以观，则泰至多奇乐，如张敞所谓“不特画眉”之说，已自失体，又何必令传于世哉？一阅而弃之可也。

可知顾闳中是江南人，南唐宫廷画师。李后主欲用韩熙载，惜其荒诞，特让顾闳中和周文矩去韩宅，记录韩熙载的生活情形，向他报告。这是《韩熙载夜宴图》产生的基本史实。关于细节，小说家文字颇多，甚至有说李后主猜忌北方大臣，韩熙载佯狂避祸。这显然不符合李后主仁弱爱才和韩熙载恃才傲物的个性。李后主和南唐社会风气，对男女之间态度很随和通脱。据宋陶穀《清异录》：

李煜在国，微行娼家，遇一僧张席，煜遂为不速之客。僧酒令讴吟吹弹，莫不高了，见煜明俊蕴藉，契合相爱重。煜乘醉大书右壁曰：浅斟低唱偎红倚翠大师，鸳鸯寺主传持风流教法。久之，僧拥妓之屏帷，煜徐步而出，僧妓竟不知。煜尝密谕徐铉，铉言于所亲焉。

所以李后主从艺术角度欣赏《韩熙载夜宴图》（见图4），也不是什么奇怪的事情。

奉命作图的还有周文矩，元汤垕《画鉴》云："李后主命周文矩、顾闳中图韩熙载夜宴图，予见周画二本；至京师见闳中笔，与周事迹稍异。"周画今已不存。

《韩熙载夜宴图》现藏北京故宫博物院。据各方面考证，当为南宋孝宗至宁宗朝（1163—1224年）摹本，其风格基本反映出原作面貌，且达到相当高的水平，堪称流传有序的古代绘画珍品。

这幅作品横长333.5厘米，宽28.7厘米。图中女二十一人，男二十八人。手卷形式表现五个场景——听乐、观舞、歇息、清吹、散宴。下面是张雪庵《夜宴图记》第一段的描写：

熙载时方夜宴，一长桌设在巨榻前，一小桌遥与榻对，桌上并陈果肴之属。榻颇似今之炕床，惟三面均可坐卧人，中空一部分。厅堂西面，立一大屏风，上绘"松泉图"，极精工。屏风前一琵琶伎，坐锦墩上者，是主人宠伎李妹，穿绿衣，系淡红裙，紫色彩金帔，梳高髻，插凤翘，着云头鞋，微微露出。左手握琵琶之弦槽，右执杆拨，半面东向，明目凝注，精神直与弦声相会。主人则峨冠美髯，秀眉朗日，榻上西面坐。一伎侍立在侧，伎后闲置小鼓一，鼓身殊薄，仄系于三红柱架上。榻右一朱衣少年，丰神英爽，倾身远望，此为状元郎粲。一客据长桌北首坐，交手胸前，侧身敛神，作不胜情之状。长桌旁，一客北向坐，身微斜向琵琶伎，右手击檀板和之。又一客独小桌坐，邻琵琶伎，侧身右顾，其状若痴。客右袖手立者为王屋山，屋山与李妹，并主人宠伎；屋山艳秀，年可十四五，憨态可掬，衣石青色衣，淡红锦裹身，以玉带约之，此为诸女所无者。一伎与屋山并肩立，年方及笄，长身玉立，丰姿亦绝世；彩金衣，绿锦裙，系朱带。其后立者为两少年，一交手，一握笛，神情并与琵琶声会。交手少年后为屏风，一红裙伎侧立屏风后，仅露半面。尤异者，东端坐榻后，有一卧床，锦帐红被，被凌乱坟起，一琵琶置床头，檀槽外露，殆酒阑曲罢，便尔解襟，无俟灭烛矣。

《韩熙载夜宴图》是当时上层社会写真。从中可见，不论是韩熙载还是他的家伎、客人，喜好和精通文艺是很普遍的事情。同时，画中对当时服饰、家具等都有细致描绘，它们富丽精美。所以，夜宴尽管荒淫，却体现了生活的富贵、精致和艺术化。

画中的氛围精致艺术化，同时画本身达到了相当高的艺术水准。它是目前仅存的五代十国时期的写实性绘画，现在能看到的古代唯一一次宴会场景，是国画珍宝。画家巧妙地运用屏风等分隔画面，同时照顾了场景的连续性和独立性。画的敷色尤见精工。仕女的素妆艳服与男宾的青黑色衣衫形成鲜明对照；几案坐榻等深黑色家具沉厚古雅；仕女裙衫、帘幕、帐幔、枕席上的图案绚烂多彩。画面整体色调艳而不俗，绚中出素，呈现高雅、素馨的格调。

一场夜宴，音乐的种类很多。韩熙载、家伎、客人都参与到音乐表演里。出现的乐器有琵琶、羯鼓、笛子、檀板、小鼓等。第二段王屋山的舞蹈是当时有名的“六幺”（见图 2）。服饰方面，整个过程中韩熙载数次更衣，先是黑袍；第二段脱去外袍穿黄衫；第三段宴会间歇休息洗手吃茶；第四段穿内衣，袒腹；最后送客又穿上黄衫，从又一个侧面反映生活的精致考究（见图 4）。

画中服饰都是绚丽的绫罗绸缎，色泽鲜亮，让人联想起南唐的“天水碧”。女子的发髻都很漂亮。韩熙载的长须经过精心修饰，高冠式样，据说是他亲自设计的“韩轻君格”。

屏风上是淡雅的山水画。围屏榻的画很精致。琵琶上也画花。韩熙载手中的扇子是素色的，秦弱兰和王屋山旁边的屏风上画着树石（见图3）。羯鼓的式样很精致（见图2）。

画中高坐家具种类完备，椅、桌、屏风等形制成熟。此时的家具造型与装饰和唐代家具有明显不同，为宋代家具简练质朴风格的前奏，但同时也十分精致。

果盘很漂亮。画中的青白瓷器，当属五代时南唐景德镇窑的产品。一切都非常精致，虽然也是奢靡享乐，但绝非雕镂满眼，而是艺术氛围浓厚。

虽然南唐文化和晚唐西蜀的花间派有所分别，但这幅画据姜德明书，很符合欧阳炯《春光好》词意：

垂绣幔，掩云屏，思盈盈。双枕珊瑚无限情，翠钗横。
几见纤纤动处，时闻款款娇声。却出锦屏妆面了，理秦筝。

画中不乏细节亮点。据陈丹青解读，屏风的石绿色饱满熨帖，有“纯绘画”的美。还有王屋山舞蹈的背影，舞姿瞬间把握“准确”，神似。

技巧之外的传神妙笔才是《韩熙载夜宴图》的最珍贵处。首先，画面含蓄，充满美感，而不是加意刻画荒淫。其次，整个画面传达着凄婉之美和落寞哀伤的气氛。富丽华贵的夜宴中，没有一个人在笑。画中主人韩熙载表现出深沉的颓废相，目光漠然。

中国文学每写到宴饮，往往夹杂浓郁的哀思，尤其是身处离乱之世。绘画《韩熙载夜宴图》也是如此。秉烛夜游、及时行乐的背后，是对脆弱生命和忧患世界的悲哀和无奈。

夜宴，是韩熙载在奢华诗意情境下的特殊选择。

徐铉的游赏空间

徐锴、徐铉兄弟宅，在金陵城东北摄山，即今栖霞山。据说，朝廷曾“特降宣旨，为置庄田”（徐铉《谢赐庄田表》）。从他们的诗文看来，兄弟二人，特别是徐铉，涉及的环境非常丰富，大抵有三类，一是与日常生活贴近的环境，二是金陵名胜，三是咏物诗文中的细致景物。下面逐一分析。

日常环境中，首先是工作场所。

“旭景鸾台上，微云象阙间。”“远籁飞箫管，零冰响佩环。”（《早春左省寓直》）鸾台是唐代门下省的别名，是徐铉上班的地方。阳光明媚，天上飘着微云，作者可以看到象阙，听到远处的箫管声，近处冬天的残冰在融化。工作场所优雅适意。

“一宿秋风未觉凉，数声宫漏日犹长。”（《立秋后一日与朱舍人同直》）这是在秋天，天长了，有点寂寥地听着宫漏，依然很适意。

“铜龙楼下逢闲客，红药阶前访旧知。乱点乍滋承露处，碎声因想滴蓬时。”（《秋日雨中与萧赞善访殷舍人于翰林座中作》）翰林院阶前种着红药，池里有些荷花。

“榆柳开新焰，梨花发故枝。辎軿隘城市，圭组坐曹司。”（《翰林游舍人清明日入院中途见过余明日亦入西省上直因寄游君》）这是上班路上所见。街道两旁榆树柳树飘絮，梨花开了，路上都是车马行人，在工作的地方各类官员都在上班。

“江天望河汉，水馆折莲花。”（《驿中七夕》）这是出差的时候驿馆所见，池塘上植了些莲花。

在五代的南唐，即便是工作的地方，也很讲究。而金陵的环境，越发显得适意。

其次是自家宅院。徐铉这类诗很少。可见他的行踪不局限于此，而是更广阔。徐家宅园是什么样的呢？

“小舫行乘月，高斋卧看山……跂石仍临水。”（《自题山亭》）还是很考究的。在山间，有亭子，有水，可以划小船。

“东风不好事，吹落满庭花。”（《寒食日作》）春天有满庭的落花。

“暖酒红炉火，浮舟绿水波。”（《又赋早春书事》）早春时可以浮舟，温酒。

“帘外闲云重复轻。”（《和陈表用员外求酒》）帘外闲云，人也悠闲。

“断云惊晚吹，秋色满孤城。”（《寄从兄宪兼示二弟》）秋晚时蛮苍凉的，云断续，远处有吹箫的声音。

“松节凌霜久，蓬根逐吹频。群生各有性，桃李但争春。”（《行园树》）园内有各种树。

“暑服道情出，烟街薄暮还。风清飘短袂，马健弄连环。水静闻归橹，霞明见远山。”（《晚归》）这是在回家路上。傍晚薄暮，风清，马的环佩有节奏地响着。水中的桨声很清晰，远山上云霞明耀。

可见，徐铉的居家环境也很考究适意。

最后是亲朋家。这类诗有不少。五代南唐的都城金陵，王谢之流，人家众多，园林泉石又皆考究，且各具特色。

“院静苍苔积，庭幽怪石欹。蝉声当槛急，虹影向檐垂。昼漏犹怜永，丛兰未觉衰。疏篁巢翡翠，折苇覆鸬鹚。”（《奉和右省仆射西亭高卧作》）这个庭园朴野幽静，是让人享清闲的地方。积了苍苔，漏声清晰。有奇石，种植兰草、翠竹。池塘上有芦苇，下有水鸟。

“登高节物最堪怜，小岭疏林对槛前。轻吹断时云缥缈，夕阳明处水澄鲜。江城秋早催寒事，望苑朝稀足晏眠。庭有菊花尊有酒，若方陶令愧前贤。”（《和尉迟赞善秋暮僻居》）小山、疏林、澄澈的水，有音乐、有菊花、有酒，是个隐居的好地方。

“垂杨界官道，茅屋倚高坡。月下春塘水，风中牧竖歌。折花闲立久，对酒远情多。”（《寒食宿陈公塘上》）这好像是个农家的院落。在大道旁边，茅屋、高坡、春塘，有花、有酒、有牧童的歌声，令人陶醉。

“征西府里日西斜，独试新炉自煮茶。篱菊尽来低覆水，塞鸿飞去远连霞。”（《和萧郎中小雪日作》）水边植菊，自己煮茶，别有意趣。

“雨霁秋光晚，亭虚野兴回。沙鸥掠岸去，溪水上阶来。客傲风欹帻，筵香菊在杯。”（《中书相公溪亭闲宴依韵》）溪水边的亭子，饮菊花酒，一片闲情。

“当户小山如旧识，上墙幽藓最相宜。清风不去因栽竹，隙地无多也凿池。更喜良邻有嘉树，绿阴分得近南枝。”（《和萧少卿见庆新居》）地方不大，有个小山、小池塘，栽了些竹子，墙上爬了苔藓，隔壁院落的树荫过到这边，让人觉得亲切。

“已开山馆待抽簪，更要岩泉欲洗心。常被松声迷细韵，忽流花片落高岑。便疏浅濑穿莎径，始有清光映竹林。何日煎茶酝香酒，沙边同听暝猿吟。”（《和陈洗马山庄新泉》）这是一处新泉，泉边的景物很丰富，有松林、花、浅草、竹林，在泉边煎茶吃酒，主人准备在这儿安享晚年。

“成名郊外掩柴扉，树影蝉声共息机。积雨暗封青藓径，好风轻透白莎衣。”（《和印先辈及第后献座主朱舍人郊居之作》）这是郊外一处比较朴素的院落，也非常安静。

“羡子清吟处，茅斋面碧流。解憎莲艳俗，唯欠荻花幽。鹭立低枝晚，风惊折叶秋。赠君须种取，不必树忘忧。”（《送荻栽与秀才朱观》）茅斋碧流，莲花有些俗艳，忘忧草倒也不必种了，配上荻花正合适。可见，五代南唐的金陵，园林已经非常考究了。花木的配置很精致是一个方面。

“闻道经行处，山前与水阳。磬声深小院，灯影迥高房。落宿依楼角，归云拥殿廊。”（《和明道人宿山寺》）寺庙，在山水边，高房小院，肃穆安宁。

“攲倾怪石山无色，零落圆荷水不香。”（《宣威苗将军贬官后重经故宅》）宅园虽已荒凉，亦可想见当时之富丽。

可见，五代南唐金陵的私家宅园，对应着宫廷景物的精致和艺术化，可以说也发展到了一个高峰。庭园的景物配置，无论是山水，还是植物、鱼鸟，都很精心，且各具特色。这和金陵自然风景的优美相关，同时也和金陵在当时的经济发展水平相关。联系到当时虽然万方多难，江南的小朝廷内部却相对安静，生活的舒适和适意不能不说是重要原因。徐铉沉浸于这些环境，也培养了他健康积极的性格和情趣，虽然时代氛围是颓废没落的。

除了日常环境，当时金陵已经形成了多处名胜。不妨看一下徐铉这方面的诗文。

首先是宫廷园林，主要包括玄圃（原六朝园名，在东宫的北边）、北苑（皇宫以北的园囿）和后湖（玄武湖）等名胜。徐铉的这部分景物诗不是很出色，但毕竟记录了当时的景物。“悬圃清虚乍过秋，看山寻水上兹楼。轻鸥的的飞难没，红叶纷纷晚更稠。风卷微云分远岫，浪摇晴日照中洲。”（《陪王庶子游后湖涵虚阁》）这是在玄武湖边涵虚阁凭眺，看到的远山近洲景象。涵虚阁，在鸡笼山净居寺内，现为鸡鸣寺。这里提到六朝玄圃，可见南唐时金陵一带已经形成历史名胜古迹。

徐铉的《龙山泉铭》写鸡笼山泉水。鸡笼山即龙山。梁王旧园也在鸡笼山上。“梁王旧馆枕潮沟，共引垂藤系小舟。树倚荒台风淅淅，草埋攲石雨修修。门前不见邹枚醉，池上时闻雁鹜愁。”（《题梁王旧园》）梁王，西汉梁孝王。鸡笼山上旧园曾经富丽，而今荒凉。

“事往山光在，春晴草色深。曲池鱼自乐，丛桂鸟频吟。”（《后湖访古各赋一题得西邸》这是怀古诗，以南朝竟陵八友为背景。在鸡笼山上，风景很自在。

“枫林烟际出，白鸟波心见。”（《右省仆射后湖亭闲宴，铉以宿直先

鸡笼云树

归，赋诗留献》）这是玄武湖的湖光树色。

“素艳拥行舟，清香覆碧流。远烟分的的，轻浪泛悠悠。雨歇平湖满，风凉运渎秋。今朝流咏处，即是白蘋洲。”（《秋日泛舟赋蘋花》）湖上的白蘋花素艳清香。

“潮沟横趣北山阿……溪桥树映行人渡，村径风飘牧竖歌。孤棹乱流偏有兴，满川晴日弄微波。”（《和钟大监泛舟同游见示》）潮沟是南朝御河，引玄武湖水，在城北。诗里有些接近乡村景象。

“寺门山水际，清浅照孱颜。客棹晚维岸，僧房犹掩关。日华穿竹静，云影过阶闲。”（《又和游光睦院》）光睦院是南唐宫廷佛院，安静而有野味。

“上国春归，华林雨霁……时也风清景淑，物茂人和。望蒋峤之嵚崟，祝为圣寿；泛潮沟之清浅，流作天波。”（《北苑侍宴诗序》）记录一次泛舟潮沟。这次北苑诗会也是比较有名的。序中言：“岁躔己巳，月属仲春，主上御龙舟，游北苑。亲王旧相，至于近臣，并俨华缨，同参曲宴……乃命即席，分题赋诗。”

“鸡树晚花疏向日，龙池轻浪细含烟。”（《再领制诰和王明府见贺》）也是在后湖一带，风光秀美。由此可见，南唐时的宫廷园林风景很有意境，也很考究，同时具备了历史内容。

金陵名胜，除了玄武湖，要数钟山，也叫紫金山，南唐时称蒋山。诗文如下。

和张少监舟中望蒋山

溪路向还背，前山高复重。

纷披红叶树，间斗白云峰。

尽日慵移棹，何年醉倚松。

自知闲未得，不敢笑周颙。

钟山图

已有崇山峻岭之态，山中除松树，还有红叶都有诗意。

宿蒋帝庙，明日游山南诸寺

便返城闉尚未甘，更从山北到山南。
花枝似雪春虽半，桂魄如眉日始三。
松盖遮门寒黯黯，柳丝妨路翠毵毵。
登临莫怪偏留恋，游宦多年事事谙。

作者游山中庙宇，一钩月牙，花枝似雪，柳丝飘扬，松盖覆荫，沉浸其中，暂时忘却仕途的不快。

游蒋山题辛夷花寄陈奉礼

今岁游山已恨迟，山中仍喜见辛夷。
簪缨且免全为累，桃李犹堪别作期。
晴后日高偏照灼，晚来风急渐离披。
山郎不作同行伴，折得何由寄所思。

辛夷花正月开，山中见到一定很美丽，作者赏花时，暂时忘却公事烦杂。

题伏龟山北隅

兹山信岑寂，阴崖积苍翠。
水石何必多，宛有千岩意。
孰知近人境，旦暮含佳气。
池影摇轻风，林光澹新霁。
支颐藉芳草，自足忘世事。

未得归去来，聊为宴居地。

据《景定建康志》卷一七，伏龟山大概在南京蒋山，虽然水石不多，却苍翠而有千岩万壑意，令人忘却俗事。徐铉《蒋庄武帝新庙碑铭》赞美蒋山位置之佳，树木葱郁，层台累榭，涌泉清池，珍禽异兽，以及蒋庄武帝新庙的富丽。

其次就是摄山了。摄山当时已是名山，徐铉写《摄山栖霞寺新路记》："栖霞寺山水胜绝，景象瑰奇，明徵君故宅在焉，江令公旧碑详矣……草树风烟，依然四望。峰峦台榭，肃尔前瞻。"本来已是山水胜绝，又加南朝明征君和江令公古迹在。下面几首诗写在摄山附近。

题画石山

彼美巉岩石，谁施黼藻功。

回岩明照地，绝壁烂临空。

锦段鲜须濯，罗屏展易穷。

不因秋藓绿，非假晚霞红。

羽客藏书洞，樵人取箭风。

灵踪理难问，仙路去何通。

返驾归尘里，留情向此中。

回瞻画图畔，遥羡面山翁。

画石山在摄山西边。巉岩绝壁又鲜濯明耀，刚柔并济。

"岩影晚看云出岫，湖光遥见客垂纶。"（《九日落星山登高》）据《景定建康志》卷一七："落星山在摄山东北，周回六里，北临大江。吴大帝时，有三层高楼，名落星楼。"此处登高，可见秀丽的湖光山色。

"碕岸堕萦带，微风起细涟。绿阴三月后，倒影乱峰前。吹浪游鳞

摄山图

小，黏苔碎石圆。”（《临石步港》）据《景定建康志》卷四八：“石步港在上元县东北四十里摄山之西，亦北达大江。”小溪萦纡清澈，非常细腻。

徐铉的骈文《毗陵郡公南原亭馆记》还写了一处金陵别馆：

至于东田之馆，西州之墅，娄湖张侯之宅，东山谢公之游，青溪赋诗之曲，白杨饮酒之路，风流人物，高视昔贤。京城坤隅，爰有别馆。百亩之地，芳华一新。旧相毗陵公习静之所也。其地却据峻岭，俯瞰长江。北弥临沧之观，南接新林之戍。足以穷幽极览，忘形放怀。于是建高望之亭，肆游目之观。睆飞鸟于云外，认归帆于天末。四山隐现而屏列，重城逦迤而霞舒。纷徒步而右回，辟精庐于中岭。倚层崖而筑室，就积石以为阶。土事不文，木工不斫。虚牖夕映，密户冬燠。素屏麈尾，棐几藜床。谈元之侣，此焉游息。设射堂于其左，湛方塘于其下。虚楹显敞，清风爽气袭其间。埼岸萦回，红药翠荇藻其涘。至于芳草嘉禾，修竹茂林，纷敷翳蔚，不可殚记。

这座别馆比较壮丽，在城西南，背靠峻岭，前临长江，景物则富丽堂皇。值得注意的是，文中提到历史上一些名宅，这是南朝的历史文化积淀，也说明五代时江南私人宅园的发展已经接近顶峰。在这篇馆记里，徐铉也写出当时金陵园林盛况，“名园胜概，隐辚相望”。最后，来看一些关于其他风景的诗文。

如卢龙，“树声村店晚，草色古城秋。独鸟飞天外，闲云度陇头”（《秋日卢龙村舍》）。卢龙在南京狮子山一带。

如天阙山，“寒风天阙晚”（《天阙山绝句》）。天阙山即牛首山。

如白鹭洲，“白鹭洲边江路斜，轻鸥接翼满平沙”（《又题白鹭洲江鸥送陈君》）。

牛首烟峦

如桃叶渡，“桃叶津头月正明”（《又听〈霓裳羽衣曲〉送陈君》）。

如禅灵桥，“禅灵桥畔落残花，桥上离情对日斜”（《送德迈道人之豫章》）。禅灵桥在金陵城西南运渎上。

如方山，“借我西窗卧月明”（《游方山宿李道士房》）。

如江边，“落日照平流，晴空万里秋。轻明动枫叶，点的乱沙鸥。罾网鱼梁静，笞篷稻穗收”（《赋得秋江晚照》），“石头城下春潮满，金柅亭边绿树繁”（《送从兄赴临川幕》）。作者总是沉浸在这样的风景里，秋江晚照，或是春潮繁树。

如近郊，“田园经雨绿分畦，飞盖闲行九里堤。拂袖清风尘不起，满川芳草路如迷。林开始觉晴天迴，潮上初惊浦岸齐。怪得仙郎诗句好，断霞残照远山西”（《和太常萧少卿近郊马上偶吟》）。芳草凄迷，断霞残照，是让人欣喜的。

“抱瓮何人灌药畦，金衔为尔驻平堤。村桥野店景无限，绿水晴天思欲迷。横笛乍随轻吹断，归帆疑与远山齐。凤城回望真堪画，万户千门蒋峤西。”（《又和太常萧少卿近郊马上偶吟》）村桥野店，绿水晴天，横笛轻吹，归帆点点，美景如画，怎不令人陶醉?

“秋风落木，逝水成川。昨朝飞盖，今日荒阡。一丘残照，万古愁烟。”（《唐故左谏议大夫翰林学士江公墓志铭》）金陵墓地众多，景象很苍凉。

除了金陵，徐铉笔下的风景涉及广泛的江南地区。

金陵附近，靠近现在的常州，有句容茅山，是徐铉写得较多的地方。

题紫阳观

南朝名士富仙才，追步东乡遂不回。

丹井自深桐暗老，祠宫长在鹤频来。

岩边桂树攀仍倚，洞口桃花落复开。

惆怅霓裳太平事，一函真迹锁昭台。

紫阳观在句容茅山，传为南朝许询旧宅。它像一个古老的仙境。徐铉另外作有《茅山紫阳观碑铭》。

题碧岩亭赠孙尊师

绝境何人识，高亭万象含。

凭轩临树杪，送目极天南。

积霭生泉洞，归云锁石龛。

丹霞披翠巘，白鸟带晴岚。

仙去留虚室，龙归涨碧潭。

幽岩君独爱，玄味我曾耽。

世上愁何限，人间事久谙。

终须脱羁鞅，来此会空谈。

碧岩亭在句容茅山。它仿佛是绝境，高高的，周围是岩石、泉水、云霞。

晚憩白鹤庙寄句容张少府

日入林初静，山空暑更寒。

泉鸣细岩窦，鹤唳眇云端。

拂榻安棋局，焚香戴道冠。

望君殊不见，终夕凭栏干。

题白鹤庙

平生心事向玄关，一入仙乡似旧山。

白鹤唳空晴眇眇，丹沙流涧暮潺潺。

尝嗟多病嫌中药，拟问真经乞小还。

满洞烟霞互陵乱，何峰台榭是萧闲。

白鹤庙在茅山，风景有道家的飘逸之美。

金陵之外，扬州是徐铉的故乡，其部分诗作涉及扬州、镇江一带。在徐铉眼里，扬州也是富有风景名胜之处。

将过江题白沙馆

少长在维扬，依然认故乡。

金陵佳丽地，不道少风光。

稍望吴台远，行登楚塞长。

殷勤语江岭，归梦莫相妨。

“缭绕长堤带碧浔，昔年游此尚青衿。兰桡破浪城阴直，玉勒穿花苑树深。”（《重游木兰亭》）木兰亭在扬州，徐铉早年曾游览。

“京口潮来曲岸平，海门风起浪花生。人行沙上见日影，舟过江中闻橹声。芳草远迷扬子渡，宿烟深映广陵城。”（《登甘露寺北望》）作者在镇江，登上甘露寺，北望扬州，在一片烟云之中，有羁旅之感。

“退公求静独临川，扬子江南二月天。百尺翠屏甘露阁，数帆晴日海门船。波澄濑石寒如玉，草接汀蘋绿似烟。安得乘槎更东去，十洲风外弄潺湲。”（《京口江际弄水》）作者在镇江泛舟，看到甘露阁掩映在绿树中，有些船只驶向长江口的海门。江水澄澈，汀蘋如烟。

“京江风静喜乘流，极目遥瞻万岁楼。喜气茏葱甘露晚，水烟波淡海门秋。”（《使浙西先寄献燕王侍中》）在唐代，浙西包括浙江以西杭嘉湖，以及江苏、安徽长江以南地区，直至江西九江。长江下游曰扬子江，也称京江。万岁楼在镇江。

李璟曾迁都洪州，即江西南昌一带，也是南唐的政治中心。徐铉诗

茅山图

文涉及这里，包括下面诗文中的九江、淦水、樟树、筠州、袁州等。

旧宅界乎仙馆，高台峙乎澄波……前临康庄，旁眺城阙。平湖千亩，凝碧于其下。西山万叠，倒影于其中。依然悬榻之场，想见致刍之状。与夫洪崖之馆，绚缲于烟霞。滕王之阁，骞飞于雉堞。南州之物象备矣，前哲之光灵萃焉。（《重修徐孺亭记》）

徐孺是东汉名人，江西人杰地灵的代表。徐孺亭是南昌名胜，与滕王阁、洪崖馆齐名，风景秀美。徐铉还有《洪州西山重建应圣宫碑铭》，景观也是富丽堂皇。

“湓城春酒熟，匡阜野花稀。解缆垂杨绿，开帆宿鹭飞。”（《送龚明府九江归宁》）九江的酒和菊花已经有名气。

“往年淦水驻行轩，引得清流似月圆。自有谿光还碧甃，不劳人力递金船。润滋苔藓欺茵席，声入杉松当管弦。”（《忆新淦觞池寄孟宾于员外》）淦水在江西，新淦，地名。金船，大的酒器。这是讲当地的酒池精美。

“殿影高低云掩映，松阴缭绕步徘徊。”（《阁皂山》）阁皂山在江西樟树，环境深幽。

“三清观负新邑之左，瞰长江之滨，形胜高奇，坛宇严净。”（《筠州清江县重修三清观记》）筠州在现在江西高安。三清观是当地名胜。

“左钟山之奇峰，右洪阳之仙洞。巉岩千仞，蔽亏日月。窈窕百里，畜泄风雨。回冈层峦，崇其基垧。激湍澄溪，宣其气象。”（《袁州宜春县重造紫微观碑文》）袁州在江西宜春。紫薇观气象崇峻。

徐铉曾贬官舒州，即现在安徽安庆。诗文对那一带名胜也有所涉及。包括下面提到的天柱山、池州、同安。

“掩霭愚公谷，萧寥羽客家。俗人知处所，应为有桃花。”（《题雷公

阁皂山

井》）雷公井在安庆天柱山景区。

同安城北，有双溪禅院焉。皖水经其南，求塘出其左。前瞻城邑，则万井缅连。却眺平陆，则三峰积翠。朱桥偃蹇，倒影于清流。巨木轮囷，交荫于别岛。其地丰润，故植之者茂遂。其气清粹，故宅之者英秀……故有方外之士，爰构经行之室。回廊重宇，耽若深严。水濒最胜，犹鞠茂草……开牖长瞩，忘汉阴之机。川原之景象咸归，卉木之光华一变。（《乔公亭记》）

同安郡南二十里，古城南隅有松焉。拳曲拥肿，势若九叠，交柯耸干，无不蟠屈者。其地高迥，旁无壅阏，莫知其何由如是。（《九叠松赞》）

同安在现在的安徽潜山，山川卉木灵秀。

“往岁曾游弄水亭，齐峰浓翠暮轩横。”（《池州陈使君见示游齐山诗因寄》）池州风景秀丽。

最后，徐铉诗文还涉及浙江金华一带。“郊外春华好，人家带碧溪。浅莎藏鸭戏，轻霭隔鸡啼。掩映红桃谷，夤缘翠柳堤。”（《春日紫岩山期客不至》）紫岩山大概就在金华，风景适意。

除了日常环境和名胜古迹，徐铉还有一些细致的咏物诗文，表明当时的日常生活非常精致和艺术化。丰富的诗文，给我们提供了了解当时生活环境的素材，同时也帮助我们了解了徐铉本人的生活情况和情感。

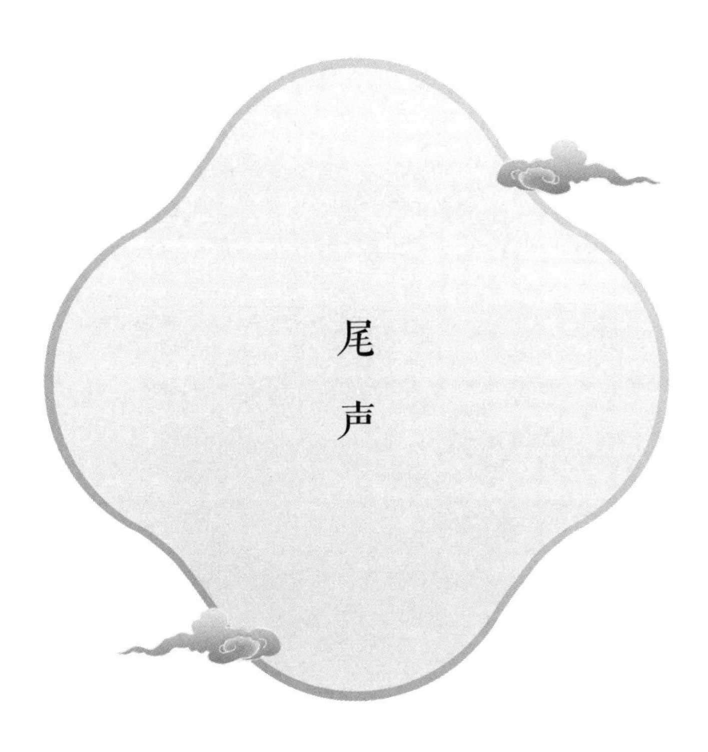

尾声

南陈与南唐的结束

南朝和南唐的灭亡，具有某些颇富意味的历史重复。

六朝时，与中原地区社会动荡、政权更迭对经济全面破坏的情形不同，南方尽管王朝更迭如转蓬，但除了萧梁时期“侯景之乱”的大破坏，整个六朝经济都保持着发展的态势。六朝经济以庄园经济为基本形态，而庄园经济的封闭性、自足性、稳定性，是其经济持续、稳定发展的基础和保障。南方经济不断繁荣，社会物质不断丰厚，统治阶层地位日益牢固，生活富贵安逸，因此不欲北伐，整日沉湎于奢侈逸豫，潇洒风流。

梁武帝时期，国家和平繁荣，为南朝最盛，最终亡于“侯景之乱”。经过短期的混战，陈霸先建立陈代。陈末，经济繁荣存在惯性，但国势衰弱。就疆域而讲，“逮于陈氏，土宇弥蹙，西亡蜀、汉，北丧淮、淝，威力所加，不出荆、扬之域”（《隋书·地理志》）。其中，高祖出身吴人，开创基业、勤奋节俭。宣帝一度北拓国土，表面中兴，但终以失败告终。“享国十馀年，志大意逸，吕梁覆军，大丧师徒矣。”（《陈书·宣帝纪》）到后主时，灭亡已成定局。最终为隋文帝所灭。

南唐末年，社会繁华有相当积累。先主李昪以较为和平的方式替换杨吴政权。今人评论：“徐温、徐知诰（李昪）谨慎缓进，远比北方武夫有识见。换姓本是统治阶级自己的事情，但往往因此伤害民众，唐代替吴，国内免于战乱，在五代时期是少有的现象。”李昪开拓功业，国土广大，国势强盛，优于其他九国。“招抚流散，轻徭薄敛，未及数年，公私富庶，几复承平之旧。”（《资治通鉴》卷二五九）“其地东暨衢、婺，南及五岭，西至湖湘，北据长淮，凡三十馀州，广袤数千里，尽为其所有，近代僭窃之地，最为强盛。”（《旧五代史》卷一三四）但他谨守成业，兵不妄动。其时邻国吴越发生灾荒，大臣宋齐丘等建议乘机起兵灭之，而李昪“特命行人，厚遗之金粟缯绮，盖车相望于道焉”（《钓矶立谈》）。他临终时还嘱咐中主李璟：“汝守成业，宜善交邻国，以保社稷。”（陆游《南唐书》卷一）李璟发动对邻国战争，一时拓土增地，但终为北方强国所败，国势大丧。李后主不知治国理政，终为宋太祖所灭。

对南唐先主的守成之举，陆游赞赏道：“帝生长兵间，知民厌乱，在位七年，兵不妄动，境内赖以休息。”（陆游《南唐书》卷一）欧阳修亦褒亦贬：“昪志在守吴旧地而已，无复经营之略也，然吴人亦赖以休息。”（《新五代史》卷六二）今人认为他“仅仅将自己定位于一个偏霸小国之君”，导致有利统一时机的丧失。而《钓矶立谈》曰：“自有宇宙以来，未有偏据而可以成大功者。稽考永陵（李昪）之心，夫岂不欲以并包席卷为事耶，顾其所处，势有未便故也。”这道出了部分历史真相，李昪明白，擅自发兵危险很大，南方国主的身份使他在这种形势下选择偏安。

建都金陵而亡国的必然趋势，在有些方面有明显的显示。朱偰根据对南唐都城的观察，得出结论：“南唐都城，形胜不及六朝，攻守之势，不可同日而语。”“盖有险而不守，舍钟山、玄武湖之阻而营卑湿之地，此南唐之所以逊于六朝欤！”南唐都城把钟山、玄武湖都划归城墙之外，必然导致攻守异势。从这一明显的自为劣势的做法，可见南唐战斗能力的退化。“虽然，南唐都城，实为今日南京之基础。盖繁华之区，人烟稠密之地，皆在于此。”经济生活水平大大繁荣，战斗能力和经济生活两方面的发展形成反比态势。

割据条件下的古代中国，历史的演变往往惊人地相似。北方注定了动乱，经济凋敝，文化荒芜。而南方，特别是以金陵为中心的江南总是偏于安稳，经济繁荣，文化昌盛。这和金陵温和的地理和繁华的经济分不开。随着历史的进展，金陵的旖旎繁华对政治的作用也更强烈。南朝时，东晋、宋、齐的朝廷斗争都比较尖锐，王朝更替频繁。而五代十国时期，南唐国内保持着自始至终的安宁，其他南方国家相较于北方，也比较安稳。这是温和的地理带来的繁华逸乐风气造成的。南唐社会，特别是上流社会，生活安闲，人的斗志通常在贪图享乐中被消弭了。

陈代和南唐都是被北方政权灭掉的。南方国主，不外是开国君主勤奋英明，末代君主昏庸逸乐。从陈高祖、陈世祖、陈高宗，到陈后主，这种倾向很明显。南唐也是先主勤勉节俭，中主到后主逐渐趋于逸乐。同时，国君的政治英明程度和文艺才华往往成反比。陈后主和李后主，都是不懂朝政，却擅长文艺的人，后者更甚。造成这种现象的原因，不是金陵特定的地域地理环境导致的经济生活奢靡，又是什么呢？“如是则长江之险，又何足以恃哉！”（《旧五代史》卷一三四）人们在南唐灭亡后曾这样慨叹。虎踞龙盘的金陵，过于奢靡逸乐，其必然结局，就是为北方英雄所败。

今人朱偰从南唐角度论述这种文教经济与军事能力的反比增长。南方经济使人偏于逸乐，不思进取。而北方一旦强大，就会进行革新，包括经济改革，产生气吞江山的气势。“论者每谓金陵形势，偏于东南，都其地者，往往为南北对峙之局，不足以控制全国，统一宇内。”

庄锡华以诗意的笔触，论述过虎踞龙盘的金陵为何只能孕育短命的王朝和畸形的王业。

秦淮河将长江深蕴力度的汹涌和钟山气势磅礴的雄奇化作风情万种的媚笑，使那些沾上了秦淮水的政治强人，失去了往日英气逼人的风采，变得柔情起来、缠绵起来，终于在河畔醉卧不起。秦淮河浇灌滋养了金陵畸形的风气，也成了埋葬一个个短命王朝的坟地。

文中将原因归到秦淮河，是有道理的。金陵的山川地形造就了经济的繁华，也使人醉卧不起。江南的温柔富贵，造就了一个自由的精神家园，也使人失去战斗能力，在与北方的力量较量中处于失利的劣势。

尽管偏安，南朝和南唐在中国历史中无疑都是重要的转折阶段。熊德基评价南唐，说它“表面上乱，实质是变”，“这个时期正是历史辩证运动的一个转折点，表明中国封建社会正走向一个新的阶段”。

陈尚君在《〈旧五代史〉重辑的缘由和方法》中讲道：“五代十国时期无疑是中国历史上最黑暗的时期之一，战乱频仍，民不聊生，以致宋人修史时，还常常发出‘乱斯极矣’的浩叹。同时，也应该看到，中国从汉、魏以来持续存在的超稳定的以士族政治为中心的社会结构，也在近百年的战乱中被完全颠覆，腥风血雨的动乱对原有社会秩序作了彻底的清除，提供了宋人重建新的社会框架和文化理念的可能。日本学者提出并为中外学者赞同的唐宋变革论，指出唐、宋两代处于士族社会向市民社会发展的转变时期。这一转变的关键，正是五代乱世。五代正是中国历史由士族社会向市民社会发展的转变时期。而转变的最关键地点，应该就在南唐的都城金陵。”

具体来说，南朝谱学就已处在逐渐衰落的过程，“南朝的历史可分为三个阶段，一为东晋，二为宋、齐、梁，三为陈。东晋为北来士族与江东士族协力所建，宋、齐、梁由北来中层阶级的楚子与南北士族共同维持，陈则为北来下等阶级（经土断后亦列为南人）与南方土著掌握政权的朝代”。陈朝“有效地抑制和打击了狂热发展的谱学”。刘裕、萧道成、萧衍先后称帝，表示晋朝由中州一流文化士族所独占的皇权，到南朝转入了次等士族即拥有武力的淮北流民集团之手。赵翼《陔余丛考》卷一七“六朝重士族”条所载士大夫拒绝和寒人相接的史实，大多发生在宋、齐时，梁时不多，陈时极少。《梁书·高祖纪》记载：“甲族以二十登仕，后门以过立试吏。”陈朝无此类规定，除了大量起用土著将帅，还重用庶族寒人，毛喜以素族、施文庆以吏门、沈客卿以寒流，先后任中书通事舍人。《南史·沈客卿传》载沈客卿建议打破南朝士族并无关市之税的特权，“不问士庶，并责关市之估”。

五代时期，诸国国主出身低下，比唐代藩镇还要“等而下之”，如朱温、王建出身流民，李昪是流浪孤儿，这应该不是偶然现象。“这种以衣冠缙绅为主的结构，到了五代十国时期发生了彻底的改变，从皇帝到朝廷权贵，大多来自社会下层，其思想观念更多来自平民，婚姻不尚阀阅。至于广大农民，人身依附关系更加松弛，租佃制进一步发展，使其人身更加自由。”

南朝和南唐是长江中下游地区社会经济文化全面发展的两个高峰时期。长江中下游地区逐渐成为中国经济的重心、国家财政的支柱和中国文化的基地，精英辈出，人文荟萃，对整个中国社会经济文化的发展起着巨大的推动作用。南陈末和南唐后期处于转变的关键点，故都金陵，夜宴正酣，黎明将至。

余韵

据《陈书·后主纪》，祯明三年（589）春正月，隋军攻进建康。

陈后主　“后主闻兵至，从宫人十余出后堂景阳殿，将自投于井。袁宪侍侧，苦谏不从，后阁舍人夏侯公韵又以身蔽井，后主与争久之，方得入焉。及夜，为隋军所执。”“三月己巳，后主与王公百司发自建邺，入于长安。隋仁寿四年（604）十一月壬子，薨于洛阳，时年五十二。追赠大将军，封长城县公，谥曰炀，葬河南洛阳之芒山。”陈后主在亡国后活到五十二岁，以寿终。

张贵妃　“及隋军陷台城，妃与后主俱入于井，隋军出之，晋王广命斩贵妃，榜于青溪中桥。”（《陈书·后妃传》）张贵妃在宫城陷落时，为杨广所斩。

沈后 “陈亡，与后主俱入长安。及后主薨，后自为哀辞，文甚酸切。隋炀帝每所巡幸，恒令从驾。及炀帝为宇文化及所害，后自广陵过江还乡里，不知所终。”（《陈书·后妃传》）“及炀帝被杀，后自广陵过江，于毗陵天静寺为尼，名观音。贞观初卒。”（《南史》卷一二《后妃传》下）沈后一直活到唐代贞观年间。

江总 “京城陷，入隋，为上开府。开皇十四年（594），卒于江都，时年七十六。”（《陈书·本传》）江总终年七十六岁。

徐陵 “至德元年（583）卒，时年七十七。”（《陈书·本传》）由此可知，徐陵在陈后主登基不久，陈亡前六年就已离世。

李璟 “建隆二年（961）六月，景卒，年四十六。从嘉嗣立，以丧归金陵，遣使入朝，愿复景帝号，太祖皇帝许之，乃谥曰明道崇德文宣孝皇帝，庙号元宗，陵曰顺陵。”（《新五代史》卷六二）而据《新五代史》卷六二，南唐亡于北宋开宝八年（975）十二月。由此可知，李璟去世后，南唐仍存在十多年。

李煜 “明年（976）正月辛未，至京师。乙亥，授右千牛卫上将军，封违命侯。太宗即位，加特进，改封陇西公。太平兴国三年（978）七月辛卯殂，年四十二。是日，七夕也，后主盖以是日生。赠太师，追封吴王，葬洛阳北邙山。”（陆游《南唐书》卷三）

小周后 “国亡，从后主北迁，封郑国夫人。太平兴国二年（977），后主殂，后悲哀不自胜，亦卒。”（陆游《南唐书》卷一六）

冯延巳 “建隆元年（960），五月乙丑卒，年五十八。谥忠肃。”（陆游《南唐书》卷一一）

韩熙载 “开宝三年（970）七月卒，年六十九。”（徐铉《唐故中书侍郎光政殿学士承旨昌黎韩公墓志铭》）

徐锴 据陆游《南唐书》卷五，徐锴于“开宝七年（974）七月卒，年五十五”，卒于南唐亡国前。

徐铉　“卒于宋淳化三年（992），年七十六。”（《徐骑省文集》附《墓志》）徐铉是本书所记南唐君臣诸人中最迟弃世者。

隋文帝对待陈后主君臣比较宽容，陈朝旧臣中也只杀奸臣。入隋后，陈后主被封为长城县公，待遇不错。沈后也受到礼遇。江总则官至上开府。这三个人顺利地适应了环境的转变。

陈后主到长安后，公然向隋文帝要求：“既无秩位，每遇朝集，愿得一官号。”并且“常醉，罕有醒时”，以致被讥为“全无心肝”（《资治通鉴》卷一七七），再次表现了苟且偷生之态。他诗风大变，向隋文帝献诗：“日月光天德，山河壮地居。太平无以报，愿上东封书。”（《入隋侍宴应诏》）看得出他依然自在。

沈后几乎以一贯不变的姿态继续她的生活。

江总身上只是又多了一些阅历和深沉感悟。晚年他返回南方，重寻故宅，作《南还寻草市宅诗》，被称为“情境悲切，大佳”（清陈祚明《采菽堂古诗选》）。不久，江总卒于江都。

相较而言，宋太宗对待南方诸国降后君臣大有区别。几个国君相继被毒死，李后主亦然。这让人困惑，因为当时李后主远不是宋朝的危险人物。李后主自己也不能承受亡国之哀，改变精神追求，词风变而为深哀巨痛。

徐铉受到的待遇也不好，竟卷入不伦不类的案件。“淳化二年，庐州女僧道安诬铉奸私下吏，道安坐不实抵罪，铉亦贬静难行军司马。”他入宋后仍保持着江南文士的高贵风雅气质，但在这点上也受到打击。“初，铉至京师，见被毛褐者辄哂之。邠州苦寒，终不御毛褐，致冷疾。一日晨起方冠带，遽索笔手疏，约束后事，又别署曰：‘道者，天地之母。’书讫而卒。”（《宋史》卷四四一）徐铉认为毛皮衣服不雅，不肯穿，以致冻病。最后归葬在南昌之西山。

隋乃唐之先声。比较隋文帝和宋太宗，陈后主君臣和李后主君臣，说明宋人的气量比唐人小。可不可以这样说呢？无论君臣之间，还是文人之间，宋代文化在物力丰裕的背景下，达到高水平、趋向精雅的同时，也变得过于细致窄小。文人之间的壁垒隔阂加重了。宋代党争激烈，连苏轼这样大方的性格都深深卷入，是表现之一端。所以，不同的政治文化因子，实则难以相包容。

朝代更替，富贵故都的文艺也走向了死亡。一些元素永远消失了，另外一些则转化成为新世界的鲜亮元素。

南陈亡后，隋朝将建康宫城夷为平地，金陵作为故都历史性终结。南唐亡后，伴随李后主和徐铉的相继弃世，金陵温柔富贵的生活场景从某种意义上消失。当然，唐代和宋代还会有很多君臣宴乐生活，但是从象征意义上看，属于夜的颓靡因素，应该说是基本消失了。

文学方面，南陈亡后，陈后主代表的颓靡诗歌画上了句号。伴随着徐陵去世，曾被推向极致的形式华丽的骈文徒有形式，走向了衰落。

南唐文学中，韩熙载和徐铉擅长的骈四骊六体，在南唐亡国后越发没落。同时，诗歌在历史中的低潮期也相对终结。

从整体风格来讲，具有关键意义的典型唯美气质失去滋生的土壤。唐代士人以强大生命力，造就了风骨刚健的唐诗。宋代是中国文化的高峰，文人主政，人生价值主要取向是有为，而非无为颓废。南陈和南唐文艺的唯美追求，遂成为缺少入世生气的过去式。

富贵末世的金陵经济和文艺，因其独特意义在历史上占据重要的地位。虽然末世君臣的奢靡颇可指责，但也必须承认当时金陵物质生活达到很高水准。这种社会的经济繁荣不仅在当时代表中国最先进成分，也是后来中国先进的江南都市文明发生发展的根本基础。所以这样的经济发达意义重大。具体来说，南唐的经济繁华以陈代的先进为基础，而之后宋代繁荣的临安，以及明代发达的金陵，直至我们今天所喜爱的富饶的江南，甚至繁华的都市如上海、杭州、苏州、扬州，其物质文明的早期发源都应该追溯到五代南唐的金陵，甚至南朝的金陵或建康。

陈代人物中，陈后主君臣虽然离去，但我们还是会在一些时候记得他们。陈后主在后人心中是个不好的形象，然而正是他，是“六朝文物草连空”的一个重要因子，一个热门话题。这大概是因为他沉迷艺文，同时他的形象又和女性分不开，而女性往往和兴亡连在一起。由此，陈后主的话题成为中国传统审美一道特别的流光。

江总和徐陵也有各自的魅力。徐陵作为“最后的贵族”，高雅风采令人追慕。而江总在身前身后都有不少“粉丝”。陈后主赞他“胜范清规，风流以为准的，辞宗学府，衣冠以为领袖”（《陈书·江总传》）。唐代大诗人杜甫一遍一遍地提着江总，“江令锦袍鲜”（《秋日夔府咏怀奉寄郑监李宾客一百韵》），“莫看江总老，犹被赏时鱼”（《复愁》之十二），“远愧梁江总，还家尚黑头”（《晚行口号》）。他甚至成为唐代传奇《补江总白猿传》的一个假原型。江总有非常珍贵的人格魅力，就如他在夜宴中看到月色的皎洁和烛光动人的摇曳，而格外沉浸欣赏。他是真正的流光。

这些在中国历史上比较独特的人物形象，依赖当时的氛围产生，在后来的太平盛世里确实不可再得。因此，他们的出现很珍贵，丰富了中国人文的因子。另外，金陵文化历史中特有的兴亡转变气象，特别是其中的脂粉气，即发端于此，也有特别的意义。

陈后主君臣的吟唱，产生了巨大的历史影响。近体诗在他们手中趋近成熟，之后成为唐代的重要诗体，达到完美的高峰。艳体风格在唐末五代复盛，以某种程度复生。而当时文学独有的新鲜伤感特质，更是对中国文学一种不可多得的丰富。它让我们看到，在传统的温柔敦厚和风雅诗教的视野之外，中国文学还有另一种生存状态，脆弱伤感，却清新妩媚。这样的风格在历史的通常时间地点很难再找到。它较多地摆脱了伦理的束缚，努力让诗性美感展示其本身。

这种新鲜伤感特质，并不仅仅停留于表现独特，而是在很多具体的细节上影响后世文学。它在许多唐代诗人的作品中都有细致体现。比如，江总诗歌的宗教意境中有情景交融的倾向，盛唐王维诗歌的禅境或许与之有一定渊源，只不过江总的作品更加伤感，而王维诗就非常精练了。陈后主清新的诗句“歌遥觉浦深”（《献岁立春光风具美泛舟玄圃各赋六韵》），与盛唐诗人崔国辅的诗“菱歌唱不彻，知在此塘中”（《小长干曲》），是否异曲同工呢？还有，被闻一多先生称为“宫体诗的自赎”的唐诗巅峰之作《春江花月夜》，的确可以在陈代诗歌中找到些痕迹。又如江总《梅花落》的超脱意境，不免伤感，又何尝不是一种先声？而且江总的《梅花落》《宛转歌》等诗，也是盛唐七言歌行形式上的先导。

陈代文学对唐诗的影响细节，仔细追索，还可以举出很多，甚至包括李白、杜甫的一些作品。许多的细节之处构成了陈诗和盛唐诗切近的渊源关系。至于在后来的朝代末期文学中经常出现的艳情甚至颓靡倾向，也是由陈代的末世典型发端的吧？

南唐的光彩更夺目。我们已经从类似《韩熙载夜宴图》这样的艺术作品中充分领略了当时物质文明的超常发达。这种发达无论对江南文明还是整个中华文明的发展都非常重要。更可贵的是，高层次的物质文明同时包含明显浓厚的艺术成分，这使南唐成为令我们今天叹为观止的历史片段。也许因为当时上流社会的奢靡艺术生活水准，在今天的大都市里依然未能达到普遍化、大众化。可见其领先意义。

南唐人物特征鲜明伟岸。李后主如一位穿着白衣的飘洒神仙，在顾盼中永远定格，他的纯挚超脱尘俗的气质，成为后世仰慕和悲哀的模范。南朝有点儿萌芽的才子形象，到冯延巳、韩熙载、徐铉之流，变得鲜活丰满起来。冯延巳在文场上的顾盼，带着点儿做作的无病呻吟，却毫不做作地表现出来。韩熙载索性抛却道德束缚和政治追求，在放荡和文艺中抒发着他的强劲生命力。徐铉身处繁华宴乐，灵魂却游离，冷漠地沉浸于自我的精神家园。南唐的夜宴虽然颓唐，却是灯光华彩的绚丽交织，

宋徽宗坐像 | 南宋 | 佚名 | 台北故宫博物院藏

丝毫不缺乏力度。它的意义在于具有强大力量的江南都市文化出现了，才子阶层出现了。所以故都君臣身上有着暗藏生机的因子。它影响了宋代庞大的文人群体的出现、政坛势力的变动和都市文化的发展。他们的性格特征，也许会常常在后代才子身上看到些踪影，比如亡国之主宋徽宗赵佶，文艺才华近似李后主，宋代词人柳永的无病呻吟之态像韩熙载，明代才子唐伯虎的不羁也有韩熙载的一些特点。总之从某种意义而言，南唐君臣正式开启了属于中国文人本身的气质。

文学方面，冯延巳和南唐二主将词推向一个顶峰，真正成为文人抒发个人情怀的形式，对宋词影响巨大而深远。在这里，词本身成为词人生活重要甚至唯一的内容，也因此较多地摆脱了功利影响，成为较为唯美的追求。同时词也更多地寄托了词人在富贵末世的独特心灵感受，词人与词出现了历史上罕见的息息相关的关系。在后来宋词的世界中，柳永和李清照词的缠绵悱恻之处，有类冯延巳；晏殊的“无可奈何花落去，似曾相识燕归来，小园香径独徘徊”（《浣溪沙》），在词境上是对李璟“菡萏香销翠叶残，西风愁起绿波间。还与韶光共憔悴，不堪看”（《浣溪沙》）的延伸和发展；晏幾道的小词里，似乎可以看到些李后主李煜倾尽心力的投入。这只是个例，南唐词对宋词的影响是极广泛而深刻的，对清词亦然，如纳兰性德的清纯词境，就吸收了李煜和冯延巳的一些成分。可以说，南唐词是中国词史上一个极为光辉的里程碑。同时，南唐文学中的艳情特征被发扬光大，影响后世，更加证明了艳情是中国文学一个不可抹杀的重要内容。这个内容一直贯穿到后世兴起的曲、戏剧、小说等文体中。

总之，宋词的空间从宫廷贵族转向街头巷边、酒肆茶楼，以及都市一个个闪耀的角落。作为欲望的美丽，宴乐于宋代也平民化了。然而，具备富贵末世色彩的南唐故都之美，因其在中国历史中的独特风格，成为回顾和仰望的风景，对欲望的超脱和沉迷，也有着不可磨灭的独特生命力，并以某种方式参与着历史的轮回。

参考文献

【参考图书】

（唐）姚思廉:《陈书》，中华书局 1972 年版。

（唐）李延寿:《南史》，中华书局 1975 年版。

（唐）许嵩:《建康实录》，中华书局 1986 年版。

（南唐）徐锴:《说文解字系传》，中华书局 1986 年版。

（南唐）史虚白:《钓矶立谈》，中华书局 1991 年版。

（宋）徐铉:《徐骑省文集》，四部丛刊本。

（宋）欧阳修:《新五代史》，中华书局 1974 年版。

（宋）司马光:《资治通鉴》，中华书局 1956 年版。

（宋）马令:《南唐书》，中华书局 1985 年版。

（宋）陆游:《南唐书》，中华书局 1985 年版。

（宋）佚名:《钓矶立谈》,《四库全书》文渊阁本。

（宋）郑文宝:《南唐近事》，中华书局 1991 年版。

（宋）郑文宝:《江表志》，中华书局 1991 年版。

（宋）郑文宝:《江南馀载》，中华书局 1999 年版。

（宋）陈彭年:《江南别录》,《历代小史》本。

（宋）佚名:《五国故事》，中华书局 1991 年版。

（宋）王铚:《默记》，中华书局 1981 年版。

（宋）陶穀:《清异录》,《四库全书》本。

（宋）龙衮：《江南野史》，《四库全书》文渊阁本。
（宋）文莹：《玉壶清话》，中华书局 1997 年版。
（宋）张敦颐：《六朝事迹编类》，张忱石点校，上海古籍出版社 1995 年版。
（元）脱脱：《宋史》，中华书局 1974 年版。
（明）张溥编：《汉魏六朝百三家集》，上海古籍出版社 1994 年版。
（清）彭定求等编：《全唐诗》，中华书局 1979 年版。
（清）董诰编：《全唐文》，中华书局 2001 年版。
（清）吴任臣：《十国春秋》，中华书局 1983 年版。
严可均编：《全上古三代秦汉三国六朝文》，中华书局 1995 年版。
逯钦立编：《先秦汉魏晋南北朝诗》，中华书局 1983 年版。
曾枣庄等编：《全宋文》，巴蜀书社 1988 年版。
傅璇琮、徐海荣、徐吉军：《五代史书汇编》，杭州出版社 2004 年版。
陈寅恪：《魏晋南北朝史讲演录》，万绳楠整理，黄山书社 1987 年版。
刘师培：《中古文学论集》，中国社会科学出版社 1997 年版。
曹道衡、沈玉成：《南北朝文学史》，人民文学出版社 1991 年版。
吴功正、许伯卿：《六朝文学》，南京出版社 2003 年版。
余开亮：《六朝园林美学》，重庆出版社 2007 年版。
马海英：《陈代诗歌研究》，学林出版社 2004 年版。
乔象钟、陈铁民主编：《唐代文学史》，人民文学出版社 1995 年版。
郑学檬：《五代十国史研究》，上海人民出版社 1991 年版。
夏承焘：《唐宋词人年谱》，上海古籍出版社 1979 年版。
谢世涯：《南唐李后主词研究》，学林出版社 1994 年版。
王兆鹏：《南唐二主冯延巳词选》，上海古籍出版社 2002 年版。
邹劲风：《南唐国史》，南京大学出版社 2000 年版。
何剑明：《沉浮：一江春水——李氏南唐国史论稿》，南京大学出版社 2007 年版。
胡阿祥主编：《江南社会经济研究·六朝隋唐卷》，中国农业出版社 2006 年版。
陈尚君辑纂：《〈旧五代史〉新辑会证》，复旦大学出版社 2005 年版。

朱偰:《金陵古迹图考》，中华书局 2006 年版。

夏晨中、宙浩等编注:《金陵诗词选》，南京大学出版社 1986 年版。

黄裳:《金陵五记》，金陵书画社 1982 年版。

王毅:《中国园林文化史》，上海人民出版社 2004 年版。

许建平、祁志祥主编:《中国传统文学与经济生活》，河南人民出版社 2006 年版。

《〈文学遗产〉上海论坛、文学遗产与古代经济生活研讨会论文集》，《文学遗产》编辑部、上海财经大学人文学院主办，2006 年 11 月 25 日至 26 日。

许建平主编:《去蔽、还原与阐释: 探索中国古代文学研究的新路径》，社会科学文献出版社 2007 年版。

【参考文章】

周振鹤:《释江南》，载《中华文史论丛》1992 年第 49 辑。

卢海鸣、朱明:《六朝都城建康的若干问题研究》，载《南京理工大学学报》2003 年第 16 卷第 3 期。

冯保善:《漫话金陵王气》，载《寻根》2001 年第 1 期。

郭黎安:《关于六朝建康气候、自然灾害和生态环境的初步研究》，载《南京社会科学》2000 年第 8 期。

郭黎安:《试论六朝都城建康的水陆交通》，载《江苏社会科学》1999 年第 5 期。

李源、黄永武:《烟波浩淼话后湖》，载《江苏地方志》2001 年第 4 期。

李源:《探寻南唐北苑》，载《江苏地方志》2003 年第 6 期。

李源:《南唐后湖初探》，载《江苏地方志》2002 年第 4 期。

刘宗意:《南京六朝都城在何处》，载《江苏地方志》1999 年第 2 期。

薛政超:《南唐金陵公私园林考》，载《广西社会科学》2005 年第 7 期。

朱逸宁:《南唐词人与江南都市文化的审美气质》，载《洛阳师范学院学报》2007 年第 1 期。

朱逸宁:《江南的文化地理界定及六朝诗性精神阐释》，载《江淮论坛》

2006年第2期。

刘士林:《江南轴心期与中国古典美学精神的形成》,载《浙江学刊》2004年第6期。

刘士林:《江南审美文化的现代性价值》,载《洛阳师范学院学报》2007年第1期。

刘士林:《江南诗性文化:内涵、方法与话语》,载《江海学刊》2006年第1期。

赵晓兰:《论花间词的传播及南唐词对花间词的接受》,载《四川师范大学学报》2003年1月第30卷第1期。

王丽梅:《南唐与前后蜀文化的比较研究》,载《唐史论丛》2006年第9辑。

高小康:《永嘉东渡与中国文艺传统的蜕变》,载《文学评论》1996年第4期。

邵建光:《略论地理环境对南京文化的影响》,载《南京社会科学》1995年第12期。

贺中复:《论五代十国的宗白诗风》,载《中国社会科学》1996年第5期。

吴惠娟:《试论西蜀词与南唐词风格的异同》,载《上海大学学报》1999年第4期。

高峰:《南唐词的审美特质》,载《江苏社会科学》2007年第2期。

章培恒:《〈玉台新咏〉为张丽华所“撰录”考》,载《文学评论》2004年第2期。

王宏伟:《六朝建康皇宫露出东南角》,载《扬子晚报》2006年12月10日。

徐宁:《建康皇宫西界初露端倪》,载《新华日报》2006年12月26日。